北大招生考试研究丛书

MEIGUO BENKE ZHAOSHENG
ZONGHE SUZHI PINGJIA YU
GONGPING LUQU JIZHI YANJIU

美国本科招生综合素质评价与公平录取机制研究

常桐善 /著

北京大学出版社
PEKING UNIVERSITY PRESS

图书在版编目(CIP)数据

美国本科招生综合素质评价与公平录取机制研究/常桐善著. —北京:北京大学出版社,2020.6

(北大招生考试研究丛书)

ISBN 978-7-301-30472-3

Ⅰ. ①美… Ⅱ. ①常… Ⅲ. ①高等学校—招生制度—研究—美国 Ⅳ. ①G649.712.2

中国版本图书馆 CIP 数据核字(2019)第 084390 号

书　　名	美国本科招生综合素质评价与公平录取机制研究 MEIGUO BENKE ZHAOSHENG ZONGHE SUZHI PINGJIA YU GONGPING LUQU JIZHI YANJIU
著作责任者	常桐善　著
策 划 编 辑	姚成龙
责 任 编 辑	颜克俭
标 准 书 号	ISBN 978-7-301-30472-3
出 版 发 行	北京大学出版社
地　　址	北京市海淀区成府路 205 号　100871
网　　址	http://www.pup.cn　　新浪微博:@北京大学出版社
电 子 信 箱	zyjy@pup.cn
电　　话	邮购部 010-62752015　发行部 010-62750672　编辑部 010-62704142
印 刷 者	北京虎彩文化传播有限公司
经 销 者	新华书店
	730 毫米×1020 毫米　16 开本　13.25 印张　196 千字
	2020 年 6 月第 1 版　2020 年 6 月第 1 次印刷
定　　价	48.00 元

献给我两位年老的母亲

她们质朴深厚的爱是我成长的滋养……

序

中国是世界上最早采用考试制度选拔人才的国家。长达1300多年的科举制度，曾经在中国古代的历史上发挥过重要作用。时至今日，中国依然是世界上考试规模最大的国家之一，每年仅参加高考的人数就接近1000万。

然而，无论在考试技术、命题水平，还是测试效果以及考试研究等方面，中国与一些国家相比尚有差距。特别在高校招生问题上，多年来我们习惯于通过单一的笔试成绩排序来选拔学生，这种方式固然有利于维护公平，但不可避免地丧失了许多对于人才选拔和培养而言非常宝贵的信息。

大学的根本任务在于立德树人，这是大学的历史使命和时代重任。特别是本科人才培养，更是世界顶尖大学重点关注的核心。大学的质量和声誉，主要建立在其所培养的本科人才质量及其在全球人才市场上的国际竞争力之上。近年来，世界高等教育发展的一个重要趋势，就是更加重视本科教学模式的改革和创新，并为此投入了大量资源。尤其是亚洲一些新兴大学，通过组建新型的本科住宿学院，正在推动着一场深刻的变革。相比而言，多年来，我国重视科研甚于教学，强调研究生教育多于本科生教育，使得本科教育水平相对薄弱，对于本科人才培养的理念、目标以及实现方式的认识还有待进一步提高和深化。

改革本科人才培养模式的第一步是改革招生考试制度。高水平的本科人才培养质量，必有赖于一流的生源质量。高质量的生源，不一定完全通过高考脱颖而出。更重要的因素在于，学生是否与大学的文化和传统相匹配、相适应，学生是否具备成为优秀人才所必备的价值观和潜质，等等。对于北京大学而言，就是要选对"好苗子"，通过培育合适的土壤，为学生提供宽松的环境和自由的氛围，努力将学生培养成为既有浓厚的爱国情怀和人文关怀，又具备很强的实践能力和创新能力;既有高尚的信念追求和百折不挠的意志,又具备建立在理性思维、批判性思维和创造性思维之上的远见卓识;既有扎实的专业技能,又对文学艺术和科学技术有浓厚兴趣和广泛涉猎的领军人才。

人才培养是世界上最艰巨、最复杂的事业。第一个原因在于出成效的时间长。对于科研工作而言,“板凳要坐十年冷”是能够做到的,但“十年树木,百年树人”,人才培养的效应至少要数十年甚至更长的时间才能显现。这就需要教育工作者必须摒弃短视眼光,沉下心来、脚踏实地,通过日积月累的言传身教和润物无声的潜移默化,真正立足于人的成长、成才,扎扎实实地去开展工作。第二个原因是面临复杂的不可测因素。教育的效果必须通过受教育者本身来体现,培养成效的变化和结果极大地受到教育者的影响,这就使不确定性大大增加了。因此,要把一个人真正培养成为杰出优秀的人才,不仅取决于教育者和受教育者自身的努力,还取决于其他一些外部因素。第三个原因是教育不允许失败。教育的对象是人,教育不能像做科研那样进行实验,也无法容忍失败。因为失败的后果会直接影响甚至改变一个人的一生。所以在进行教育改革的过程中,我们必须坚持“以人为本”,坚持兢兢业业、尽职尽责的态度,可以大胆地想象,但在具体实施时一定要特别谨慎,看准了再做,稳步推进,最大可能地降低失败的概率。

2013 年 5 月,北京大学专门成立了考试研究院,致力于推动招生考试制度改革的探索研究,并按照中央要求,对推进高校招生的综合评价多元录取机制提供相应的政策研究和咨询支持。学校特别聘请在人才选拔方面具有丰富经验的秦春华先生出任院长。考试研究院十分重视理论研究工作,提出要出版一套“北大招生考试研究丛书”,特别是要先翻译一批国外顶尖学者在这一领域的有影响的著作,我认为这是很有价值也很有必要的,有助于填补国内这方面研究的空白。我也希望,他们一方面能以此为基础做好理论研究,另一方面还要结合中国的实际情况设计具有中国特色的招生考试制度,科学合理地建立不同类型拔尖创新人才的录取途径,探索完善多元录取的招考机制,这是更重要也是更为艰巨的任务。

是为序。

中国科学院院士

北京大学前校长　王恩哥

2017 年 11 月

前　言

13 年前我有幸成为美国加利福尼亚大学（以下简称加州大学）校长办公室的一员。多年来，我和我的团队参加了加州大学本科招生政策改革的论证和实施结果的评价工作，同时也开展了大量的关于招生评价指标与本科教育结果之间的相关性研究，来检验招生评价指标的信度和效度。通过这些工作，我有机会亲身体验了世界一流大学的本科招生政策的制定、实施以及评估过程，也每每被加州大学招生过程中的一个个细节所触动。思及我 30 多年前在国内考大学的经历及执教高中毕业班时所见证的高考风云，尤其令我感慨万千！加州大学招生所倡导的卓越、公平、多元化、以学生为本、终身学习、职业道德规范、科学决策、办学的透明度等大学教育理念和社会道德操守都给我留下了一次又一次的震撼印象。

“卓越”与“公平”是大学招生的两道门槛，前者代表的是质量，是品质，反映的是个体特征；后者体现的是在许多个体之间分配有限资源、机会、服务等的方法或者技巧，因此，它具有群体性、组织性等特征。虽然招生成功的标志即是成功跨越这两道门槛，但大学对“卓越”的理解和对“公平”的追求客观上决定了这两道门槛的高低。加州大学虽然还在不断研究和寻找更加合适的跨越门槛之路，但其实施的“综合评价”制度已经显示了令人赞叹的效果。当然，这与加州大学所秉持的办学理念是分不开的。加州大学对“卓越”的界定是没有任何限定的边界的，也就是说，“卓越”包括所有我们可以想象到的优秀品质，涵盖学业、领导组织、社区服务、体育等领域的能力和成就，以及在未来为社会和大学做出贡献的潜能。其实早在大约一个世纪之前，哈佛大学校长詹姆斯·科南特已经给“卓越”下了一个非常相似的定义:优秀的大学生不应拘泥于做一个在一连串的A之间蠕动的“书虫”,而应该对课外活动充满兴趣。如果接受这个界定,我们一定会觉得单靠大学入学成绩选拔“卓越”人才是错误的。

加州大学对招生“公平”的界定也是具有独特性的。其招生原则明确规定:大学要利用多元化指标,在充分考虑学生的背景和拥有的教育机会的前提下,评价学生的“卓越”品质。其实美国采用选拔招生制度的大学都秉持这个招生的公平性理念。当然,也有人认为这是反向歧视,对享有丰富教育资源和机会的优秀学生可能会产生“反向”不公。那么,让我们听听普林斯顿大学原校长威廉·鲍恩在这个问题上的见解。他认为大学想要通过招生吸引最优秀的学生无可厚非,但由于基础教育资源和机会分配不均,要在短期内改善高等教育入学不公平的现状,改革招生制度不失为一种捷径。当然,他也强调,从长远发展规划的角度来看,消除基础教育发展中存在的差别是解决这一问题的根本。

“多元化”是美国大学的办学特征,是美国高等教育的办学理念和核心价值,也是美国大学精神在全社会广泛传播的重要桥梁。正如曾就职于加州大学伯克利分校高等教育研究中心的著名学者马丁·特洛所说的:由于高等教育的多元化,大学吸引了来自社会各阶层的求学者,在社会各阶层发挥了多种多样的功能,大学也因此融入了人们生活的各个角落。加州大学作为研究型大学在这方面是当之无愧的典范,为美国加利福尼亚州(以下简称加州)以及整个美国做出了巨大贡献。最早以加州大学时任校长克拉克·克尔为主导推出的加州《高等教育总体规划》、以加州人民倡导的“社会地位变迁”(social mobility)为主要核心价值的加州先锋理念,以及近年来前任校长珍妮特·纳波利塔诺提出的“教学为加州,研究为世界”的理念都为美国高等教育,特别是在多元化方面的发展指明了方向。这也是大学在招生时为什么要致力于组建一届具有多元化特征的学生的重要根源。值得钦佩的是,加州大学的多元化理念不仅体现在大学招生政策和办学实践中,而且与其相关的众多活动已经远远走出了大学校园,将教育教学、科学研究、社会服务延伸到加州的每个角落。

加州大学的招生实施过程充分体现了“以学生为本”的教育理念。加州大学在招生政策的改革和宣传以及具体的实施过程中所考虑的首要因素是对学生产生的影响。我在加州大学工作的13年间见证了两次较大的招生改革，每次改革都会提前3年公布改革方案。例如，2012年实施的政策在2009年就公布了。而且自2009年的连续几年，大学招生办公室通过网站、招生咨询会议等形式广泛宣传新的政策。其目的是让2012年入学的学生在2009年升入高中时就了解加州大学的录取标准，让他们根据招生要求提前做好学业和综合素质的准备。同时，为了确保申请表格收集信息的信度和效度，加州大学还要通过调查问卷、访谈等形式了解申请学生对问题的理解程度。如果问题模糊，不同的学生可能会产生不同的理解，这样学生提供的信息可能对评价不利，而且最终会损害对问题理解有偏差的学生的录取机会。另外，我一直觉得申请美国大学的学生是很幸运的，因为他们有很多选择的机会，可以申请多所学校。如果能被多所学校录取，选择哪所学校就完全凭自己的意愿。学生可以根据自己的兴趣、经济情况等选择最适合自己的大学和专业。

招生政策和结果的透明度不仅为学生提供了招生评价的信息，帮助他们提前做好就读大学的准备，也为社会监督提供了第一手资料。加州大学的招生政策与录取结果的透明度是非常高的。由于工作的需要，我曾查阅了美国很多大学的招生政策宣传网站以及网络数据报告平台，没有发现有任何其他大学能像加州大学提供这么详细的信息。记得在2007年左右，为了提升录取结果的透明度，为中学生提供足够多的招生信息，加州大学董事会的一位成员愿意捐助200万美元建立网络数据报告平台。后来学校从管理经费中挤出200万美元建立了这样的平台。但非常遗憾的是，2009年州政府大幅削减加州大学的经费，学校不得不关闭这个平台。我参加了总校执行副校长与招生委员会成员讨论关闭这个平台的会议。会上招生委员会成员直言这是大学行政部门做出的最愚蠢的决定之一。在2015年加州大学经费得以恢复后，学校即刻决定开发新的、更加综合性的网络数据报告平台，包括录取、入学、学业完成等一体化的信息。我们的网络数据在发布后的两天之内就吸引了5万多名访问者。根据我们的网络地址追踪分析，这些访问者遍布世界各地，来自中国的访问量仅次于美国，位居第二。正如加州大学主管院校研究与学术规划的副校长在信息中心新闻发布会上接受采访时所说："作为一所公立大学，我们必须确保大学有足够的透明度和责任感，我们希望通过大数据平台提供信息，帮助大学实现这个目标。"我一直为加州大学在办学和大学招生的透明度上所取得的成果而自豪，更为加州大学敢于"透明"的勇气而赞叹不已！

我在加州大学从事本科招生研究和评价工作多年，感慨甚多，但由于篇幅有限，只能挑一些重点，或者我个人认为对中国大学招生改革有借鉴价值的内容来讲。就大学而言，招生是保障顺利完成办学任务的第一步，是践行大学理念的关键步骤之一，对保障本科教育质量来说尤其重要；大学必须将其纳入本科教育发展的战略规划中，任何脱离招生战略的规划都很难保障提升本科教育质量。另外，这本书收集的文章都是根据我对美国，尤其是加州大学本科招生的一些亲身经历和切身感受写成的。我相信许多内容可以用来佐证我上面提到的这些体会和感受，有些内容对中国大学招生改革还是有借鉴价值的。当然，需要说明的是，收集的这些文章中除了直接或者间接引用有关著作和政策的内容外，所有其他的分析、解读、评价以及对中国招生改革的建议只是我个人的拙见，丝毫没有代表加州大学的想法。还需要特别说明的是，限于我个人背景与美国文化之间的差异，以及我个人经验的局限，我对个别招生政策的理解或有偏颇之处。若果真如此，还请读者批评指正。

常桐善

2018年春节于美国加利福尼亚州

目　录

第一篇

美国大学招生标准化考试

第一章　试述大学对入学考试发展与改革的影响[①]

一、概述

学术能力考试是当前美国大学招生中使用最广泛的标准化考试。它的渊源可以追溯到1905年法国心理学家阿弗雷德·比纳(Alfred Binet)在巴黎组织的智商(IQ)考试,以及后来斯坦福大学的心理学家路易斯·特曼(Lewis Terman)和普林斯顿大学的心理学家卡尔·布拉哈姆(Carl Brigham)在美国大学招生考试中使用的智商考试。1926年,在布拉哈姆的积极努力下,美国大学招生考试委员会(The College Entrance Examination Board)组织了第一次学术能力考试(The Scholar Aptitude Test,简称SAT)。目前,美国大学委员会(The College Board)以合同方式授权教育考试服务中心(Educational Testing Service,简称ETS)[②]在美国以及世界许多国家负责SAT的组织和实施工作,但美国大学委员会拥有SAT的所有版权。

80多年来,SAT在美国大学招生中一直有着不同凡响的地位。现在每年参加考试的人达200多万。这种地位即便在相当长的一段时间内也令其他考

---

① 本章内容原发表于《中国考试(研究版)》2008年第11期。此处有删改。

② 美国大学委员会在1900年成立时被称为大学考试委员会,是一个私营的、非营利性的机构。"非营利性"是指这个机构成立的目的是为了支持公众感兴趣的活动,而非以商业或者牟利为主要目的。教育考试服务中心也属于同类机构,是目前世界上最大的私营考试机构,其中大约有四分之一的工作是通过合同方式组织实施美国大学委员会的考试。

试难望其项背。毋庸置疑，SAT 今天的辉煌来自于多年的经营积淀，例如，考试内容和模式的时代化，服务至上的操作理念，运行方式的商业化，等等。但社会各界特别是大学在 SAT 的发展和改革中的积极参与，对 SAT 在激烈的竞争中脱颖而出也是功不可没的。本章通过介绍 20 世纪初期哈佛大学的全国性奖学金项目以及 21 世纪初加州大学的本科招生"综合评价"制度对 SAT 的影响，阐述大学在标准化考试的形成以及发展和改革中的作用，旨在为我国大学招生考试改革及提升高校参与入学考试改革提供借鉴与参考。

二、哈佛大学的全国性奖学金项目——SAT 的兴盛动因

哈佛大学成立于 1636 年，其建校初期逐渐形成的招生政策被沿袭了几百年，直到 19 世纪末期，查尔斯·埃利奥特(Charles William Eliot)就任哈佛大学校长，才对招生制度进行了比较大的改革，将入学考试成绩确定为录取学生的标准之一。但考核申请学生能力及成绩的标准仍然以非学术性的、非定量性的所谓的"素质"(character)为主。而这些素质往往是公立中学毕业的学生所不能具备的。因此，截至 20 世纪初期，哈佛大学录取的学生主要来自美国东北部地区的上层社会，这些学生大多毕业于私立中学。哈佛大学当时也被称为美国新英格兰上层社会的"终端学校"，是美国新生贵族的财产。

1933 年，出生于中产阶级家庭的詹姆斯·科南特(James Bryant Conant)就任哈佛大学校长，开始对哈佛大学进行全面改革。科南特被誉为美国当代教育体制的创始人之一。他的理念是将美国构建成为一个"无阶级的自由社会"。他积极提倡建立并完善公立基础教育体制。他强烈抨击美国已从一个曾经无阶级的自由社会沦为由世袭贵族阶层统治的社会。这种世袭贵族阶层的存在把整个国家推到了一个非常危险的境地。他认为美国当时所面临的基本任务就是要改变贵族阶层社会，而唯一能够实现这一目标的途径就是加强公立教育体系，为民众提供均等的教育机会。他在《美国需要激进主义者》一

文中对自己的理念进行了详尽的表达和阐述。[①] 用他的一句话概括就是“机会均等,非奖赏均等”。他就职后,誓言要改革哈佛大学校风,将哈佛大学构建成一个全国性的乃至世界级的具有均等入学机会的一流学府。他任职不久就设立了全国性奖学金项目,并指派查恩赛(Chauncey)和本德(Bender)两名助理去寻求可以用来对奖学金申请者进行评价的考试方法。

经过对多种考试进行研究和比较,查恩赛最终将SAT推荐给科南特。事实上,查恩赛对研究生入学考试(Graduate Record Examination,简称GRE)的创始人本·伍德(Ben Wood)开发的另一种考试也进行了细致的了解,并颇具好感。但查恩赛之所以向科南特推荐SAT是由于SAT的开发人布拉哈姆是美国大学委员会的考试专家,而且有组织考试的经验。此外,伍德的考试是一种学习成绩考试,是对学生掌握专业课知识程度的一种考核。查恩赛知道,科南特坚决反对使用这种考试来选拔奖学金获得者。因为当时的哈佛大学已经在招生中使用类似的考试。这种考试的弊端是许多富裕的上层社会家庭为了使他们的子女在考试中获得高分,不惜花费任何代价将他们送到最好的学校,或者雇用高水平的家教来对他们进行专门辅导。显然,这种考试对家庭贫困的学生存在着不公平性,同时也使哈佛大学失去了招收有真才实学、出类拔萃的学生的机会。哈佛大学设立全国性奖学金项目的目的正是为了避免这种现象,希望通过资助来自社会各阶层的最杰出的学生来改变哈佛大学的学生组成,努力实现学生个体背景多元化。因此,科南特希望用来选拔奖学金获得者的考试必须能反映学生内在的学习能力或者先天智力,不受学生中学课程的束缚。1934年1月,哈佛大学开始要求申请奖学金项目的学生必须参加SAT。奖学金项目评委结合候选学生就读的中学的背景,就申请学生的SAT成绩、高中成绩及推荐信进行多项审核,最终从中部地区选择了10名学生作为全额奖学金获得者进入哈佛大学深造。其后两年哈佛大学继续通过SAT挑选优秀的奖学金获得者,并获得卓越的成效。1938年毕业的10名奖学金

① CONANT J. Wanted: American radicals. The Atlantic Monthly, 1943.

获得者中有 8 人被选为 Phi Beta Kappa Society(美国大学优等生协会)[①]成员。毕业于 1939 年的奖学金获得者詹姆斯·托宾(James Tobin)后来获得了诺贝尔经济学奖。

当然,以智力考试选拔奖学金获得者并非起始于哈佛大学。早在哈佛大学设立此项目的 20 多年前,布拉哈姆就在纽约市的库伯联盟学院(Cooper Union)使用了类似的考试选拔奖学金获得者。另外,在同一时期,哥伦比亚大学、宾夕法尼亚大学、耶鲁大学、普林斯顿大学也都组织过类似的考试。但其目的不尽相同,要么是一种试验探索性考试,要么只对部分学生进行考核,考试成绩也未被用于大学招生。不同的是,哈佛大学凭借奖学金项目的设立,不仅每年招收 10 名享受奖学金的优秀学生,还通过相同的考试从美国各地招收了更多的不享受奖学金的优秀学生。因此,奖学金项目使哈佛大学成为真正的国家级大学。但更为重要的是,奖学金项目的成功使科南特真正形成了培养优秀大学生的理念:优秀的大学生不应拘泥于做一个在一连串的 A 之间蠕动的"书虫",而应该对课外活动充满兴趣。[②] 这一理念在 20 世纪中叶对美国高等教育模式的形成以及教育教学方法的构建都产生了很大的影响。另外,哈佛大学奖学金项目的成功也为科南特在常春藤大学推动将 SAT 作为奖学金考试项目奠定了基础,为那些正在尝试使用 SAT 进行招生的大学增强了信心。1937 年,科南特建议成立全国性的考试机构负责标准化考试。虽然由于第二次世界大战的爆发以及其他许多原因,此项计划未能实现,但他将 SAT 引入大学本科招生体制中,将大学招生评定学生是否合格的标准定向为学术能力和成绩,为彻底摒弃社会关系在大学招生中的不合理影响做出了功不可没的尝试。此后,许多大学追随他的理念,SAT 因此在大学招生中确立了基础地位。第二次世界大战后,在科南特的组织下,所有主要的考试机构合并,成立了私营的、非营利的教育考试服务中心,即 ETS。科南特担任 ETS 的

---

① Phi Beta Kappa Society:是一种鼓励和认可在本科文理专业取得优异成绩的学生的学术荣誉团体,由 College of William and Marry 于 1776 年建立。它是美国最早,也是最富声望的学术荣誉机构。现有大约 50 万在世成员。Phi Beta Kappa 是德语,意思是"哲学是人生的导引"。

② LEMANN N. The Big Test: The Secret History of the American Meritocracy. Farrar, Straus and Giroux: New York, 2000.

第一任董事会主席。

ETS 最初的经费来源于卡内基基金，但 ETS 并不想完全依靠或者说受制于其他组织或基金来维持自身的运行。因此，ETS 在创立初期不断努力寻求自身生存的方式。其中之一就是游说各大学在招生中使用 SAT 成绩，希望通过收取考生的考试费维持其基本的运营。当时美国公立大学规模扩展过快，加上招生对象主要是本州高中毕业生，所以大学教师的角色几乎等同于“高中后教师”。这和当时教师所期望的德国大学的“教授制”模式完全相悖。因此，高校教师希望在招生中采纳某种更加合理的方法，使招生范围全国化、评价方法学术化，并由此合理控制录取学生人数，使他们有更多的时间从事研究工作。SAT 在哈佛大学的成功使用以及 ETS 的游说努力正好迎合了他们的这一愿望。至此，SAT 的发展和美国公立大学的改革紧密联系到了一起。这种联系为 SAT 的发展兴盛注入了强心剂。但 SAT 在美国大学招生中的广泛普及，还是在 20 世纪 60 年代中期加州大学正式决定在招生中使用 SAT 之后。实际上，1947 年，在 ETS 正式获得营业执照之前，科南特就认定了加州大学，因此在加州大学伯克利分校建立了 ETS 西海岸办公室。经过 20 年的努力，ETS 终于见到了效果，可谓是好事多磨。但假如没有哈佛大学的全国性奖学金项目，假如科南特选择了另一种考试，我们很难想象 SAT 的发展道路后来会否一帆风顺，甚至更难想象，SAT 是否会在美国高等教育发展，特别是在大学招生中扮演如此重要的角色。

三、加州大学的本科招生“综合评价”制度——SAT 新世纪之交的改革动因

加州大学于 1968 年开始要求申请学生呈报 SAT 成绩。自此，就个体规模而言，加州大学一直是 SAT 最大的“客户”，也是 60 多所要求申请学生呈报

SAT Ⅱ成绩的大学之一。[①] 与此同时，加州大学的教师以及管理工作人员也是多年来积极研究 SAT 信度和效度的主要力量之一。实际上，加州大学在决定要求申请学生提交 SAT 成绩之前，就于 1957 年由主要负责制定招生政策的招生和中学关系委员会（The Board of Admissions and Relations with Schools）[②]对 SAT 进行了非常详细的考察和研究。研究的问题主要包括：1）SAT 成绩是否能提高对大学成绩的预测效度？2）SAT 成绩是否能够用来对中学成绩绩点（Grade Point Average，即 GPA[③]）的膨胀进行校正？3）SAT 成绩是否能够用来对急剧增长的大学入学人数进行有效控制？1960 年，他们在 ETS 的协助下，要求所有在秋季入学的学生参加 SAT 考试，并在一年后对 SAT 成绩和大学一年级成绩之间的相关性进行了研究。研究结果表明，加州大学对大学新生要求的高中课程及学业成绩，GPA 的预测能力高于 SAT 成绩。因此，采纳 SAT 的设想未能得到加州大学教师的认可。到了 20 世纪 60 年代中期，加州大学的招生远远超过了加州《高等教育总体规划》所规定的招收前 12.5%的高中毕业生的范围，这种情况对加州其他公立大学的招生工作造成了非常大的影响。采用标准化考试似乎是相对容易的可用来控制加州大学招生人数的方法。因此，加州大学学术委员会采纳招生和中学关系委员会的建议，在评定学生合格性时将 SAT 和美国大学委员会的学习成绩考试（SAT Ⅱ的前身）作为并列标准。但在使用 SAT 作为招生标准之一的 30 多年里，加州大学对 SAT 成绩的使用方法以及在招生评价指标体系中所

---

① 美国大学委员会于 2006 年开始将 SAT Ⅱ改为 SAT 专业课程考试（SAT Subject Tests）。加州大学于 2012 年取消要求学生提交 SAT 专业课成绩的规定，但学生可以选择提交相关课程的考试成绩。这些成绩在招生评价时只作为参考成绩。

② 招生和中学关系委员会是加州大学学术委员会下属的一个分委员会，是加州大学制定本科招生政策以及负责监督实施的主要机构。该委员会共由 15 名兼职成员组成，成员主要来自 10 所分校的在职教师和两名学生。另外，加州大学校长办公室以及各分校设有专门负责招生的机构，即本科招生办公室。校长办公室招生办公室负责招生的宏观管理，并协调各分校的招生工作，同时开展大学招生的评估和研究工作。各分校招生办公室负责招生的具体事宜，包括确定申请人的合格性以及按照加州大学综合择优录取标准做最终录取决定。各招生办公室还为招生和中学关系委员会制定招生政策提供相关的分析研究和建议。

③ GPA 是美国大中小学用来计算平均成绩的一种方法。其通常在 0.0 至 4.0 之间。计算时先将字母成绩转换成数字成绩：A＝4 分，B＝3 分，C＝2 分，D＝1 分，F＝0 分。然后，再将数字成绩乘以学时数，最后将每门课的得分相加再除以学时总数。例如，生物课 3 个学时，某学生成绩为 A，得分应为 12 分；英语课 5 个学时，该学生成绩为 C，得分应为 10 分。那么，该学生的 GPA 为（4×3＋5×2）/（3＋5）＝2.75。

占的权重都做了多次调整。

2001年2月，加州大学校长理查德·艾提金森(Richard C. Atkinson)以加州大学多年来实施的有关招生考试与招生评价的一系列研究结果为依据，致函加州大学学术委员会，请求他们重新研究和考虑修改加州大学的本科招生政策，建议本科招生应摆脱定量的、公式化的排名方法，取消对SAT Ⅰ的要求，并强调要对申请学生的所有资料进行综合评价。① 同年2月18日，艾提金森在华盛顿美国教育理事会年会上宣布这一消息。艾提金森说，他虽然继续支持标准化考试，但反对SAT Ⅰ的考试形式以及内容，因为SAT Ⅰ的考试内容和中学生所学的课程内容没有明确的关系。与60多年前坚持使用SAT的哈佛大学校长科南特的观点不同，艾提金森认为SAT Ⅰ考试会诱导学生花更多的时间去提高考试技能，从而耽误了对高中课程的学习。他认为，大学录取时，对申请学生的评价必须以他们高中所取得的成绩为基础，必须综合考虑申请人所在高中为他们提供的学习机会。标准化考试只有在对申请学生在中学的学习程度进行评价考核时才具有公平性，考试成绩也才有可比性。如果标准化考试是对“错误定义的能力或者智力”进行评价，这样的考试对学生是不公平的，其成绩对大学招生也毫无使用价值。艾提金森提出，加州大学应开发新的、与大学入学准备课程相关的标准化考试。艾提金森提出此项建议的目的是希望在加州，乃至整个美国对标准化考试进行进一步的研究和开发。他认为，加州大学招生中使用其他标准化考试替代SAT Ⅰ将有利于高中课程的建设和教学方法的改进，也有利于在高中学生的学习成就和他们被加州大学录取的可能性之间建立一个更强的联系，这样使学生将精力放在掌握课程知识，而不是准备考试上。他认为这种做法的公允性在于改进后的标准化考试将对学生所取得的成就进行考核，而不是文化背景和经济因素的比拼。这种考试也更符合高中教学的需求，因为其试题内容的涵盖为中学教学提供了更加清楚的导向，并明确显示课程教学的重点。更重要的是，这种考试传递给学生一种希望，即只要拥有智力和取得成功的决心，终可达到大学录取标准。艾

① PELFREY P. The Pursuit of Knowledge: Speeches and Papers of Richard C. Atkinson. University of California Press: Berkeley, Los Angeles, London, 2007.

提金森也指出，在大学招生中有许多问题值得商榷。譬如，为了更有效地开展大学招生工作，大学应该做什么，从什么地方开始做，等等。但人们必须认识到，这和对标准化考试成绩的过分依赖对所有与大学招生有关的人员都会造成非常严重的伤害，特别是对学生的伤害。同时他也承认，他所提出的招生改革对大学也存在一定风险。最后他说，无论如何，大学招生的改革已迫在眉睫，加州大学在招生中对标准化考试成绩的重新定位已成不可逆转的趋势。

2001 年 10 月，加州大学学术委员会通过决议，采纳招生和中学关系委员会的建议，在加州大学本科招生中实行“综合评价”制度。其评价过程包括两个步骤。第一步是根据学生的中学课程完成情况、高中 GPA 以及标准化考试成绩对申请学生的合格性通过多种方法进行确定：1）根据毕业学生所在中学的排名确定；2）根据标准化考试成绩确定；3）根据高中 GPA 和标准化考试成绩来确定，这是加州大学确定申请学生合格性的主要方法；4）根据特殊才能确定。加州大学保证录取所有合格的申请学生，但不能保证一定能按照学生的申请学校或者专业来录取。因此，第二步是加州大学采取综合评价的方法对合格学生的申请资料进行全面审核，做出最终录取决定。评价内容包括：1）高中普通课程以及在高中时所学的其他被加州大学认可的课程成绩；2）SAT 或 ACT（美国大学入学考试，American College Test）成绩；3）除了加州大学认可的普通高中课程以外的其他课程的数量、内容以及成绩；4）申请学生所修其他高级别的课程成绩，比如由美国大学委员会和高中共同设计的先修课程（Advanced Placement，AP），国际大学学士学位课程（International Baccalaureate，IB），以及在大学选修的可转入加州大学的课程，等等；5）符合地方合格性标准，即按照 GPA 排名在就读高中毕业生的前 4%；6）根据申请学生在高三年级时所学课程的种类、数量和成绩；7）根据申请学生所在学校提供教育机会的情况所评定的学习成绩；8）在某一学科方面的突出表现；9）在学科领域某一活动项目上的突出表现；10）在学科方面的突出进步，比如从初三年级到高二年级所学课程的难度明显增大，且成绩有明显提高；11）艺术、传媒、体育、外语、外国文化等方面的特长、技能、兴趣、研究等；12）领导和管理的经验和才能，比如花费很多时间从事社区服务或者参加学生会工作以及其他能够为校园文化发展做出突出贡献的才能；13）完成与高中课程或者与学校其他活动有关的课题；14）根据学生的生活经历或者特殊背景来评定学生的学术成就；15）学生高中毕业学校以及是否为加州居民。

加州大学的“综合评价”制度虽然没有将 SAT Ⅰ从招生评价体系中完全取消，但艾提金森的建议在美国高等教育界以及许多组织标准化考试的机构中引起了强烈的反响。一场关于 SAT 的优缺点以及在大学招生中如何评价申请学生学术水平的辩论就此拉开了序幕。2001 年 11 月 16 日，加州大学圣芭芭拉分校承办了题为“在加州大学招生中重新考虑 SAT”的学术会议。参加会议的人员包括加州大学校长、从事大学招生研究的教师及工作人员，大学委员会的主席、副主席及有关研究人员，ACT 的 CEO 及研究人员，ETS 的官员及研究人员，哥伦比亚大学、斯坦福大学等大学的学者，等等。与会的 350 多名代表就标准化考试（SAT 和 ACT）的起源、发展、效度、对美国大学教育的影响，以及标准化考试在大学招生中的前景等进行了探讨。坚持使用标准化考试的人认为标准化考试就像通常人们使用的“尺子”，可对学生的学业成绩或者潜在能力进行全国性的合理公平的测量。反对者认为这些考试限制了某些群体，如少数族裔、妇女等的大学求学机会，对大学教育的多元化有负面影响。会议发言及论文由丽贝卡·兹维科（Rebecca Zwick）编辑整理出版了《重新思考 SAT：标准化考试在大学招生中的未来》一书。①

针对加州大学对 SAT 的批评以及在招生评审中取消 SAT Ⅰ的计划，美国大学委员会的回应态度非常积极。当然，如果加州大学取消使用 SAT Ⅰ的计划付诸实施，美国大学委员会以及 ETS 的损失可能不仅仅是经济方面的，更重要的是失去 SAT 多年积累的声誉。经过大约一年的研究、论证以及听取社会各界的意见，美国大学委员会于 2002 年宣布将对 SAT 进行大幅度改革，并从 2005 年 3 月 12 日开始实施。新的 SAT 取消了过去的 SAT Ⅰ和 SAT Ⅱ的区分。SAT Ⅰ改为 SAT 推理考试（SAT Reasoning Test），包括阅读理解（Critical Reading）、数学（Math）和写作（Writing）。最显著的不同是，首先，

---

① ZWICK R. Rethinking the SAT：The Future of Standardized Testing in University Admissions. Rout Ledge Falmer：New York and London，2004.

为了考查学生的写作水平，新的 SAT 推理考试增加了写作考试。其次，旧的 SAT 试题所含有的模棱两可的问题，例如语言中的类比问题和数学中的数量比较问题，在新的考试中均被取消。最后，考题难度也略有增加。SAT Ⅱ改为 SAT 专业课考试（SAT Subject Test），包括英语、历史、数学、科学和语言五个领域的 20 多门课程，考试内容和模式基本没有变化。改革后的 SAT 更符合加州大学对申请学生大学预备课程的要求。几个月之后，另一个主要考试 ACT 的主办机构也宣布在 2004 学年到 2005 学年的考试中将写作作为一门选择性考试加入 ACT 考试科目。

2008 年，大学委员会就 110 所大学的大约 15 万学生的高中 GPA 和新 SAT 成绩与他们大学一年级的 GPA 之间的相关性进行了研究（如表 1-1 所示）。[①] 研究结果表明，高中 GPA 与大学一年级的 GPA 之间的相关性远远高于任何一种 SAT 的单科成绩，也高于 SAT 三门考试的总成绩。在三门考试中，写作与大学一年级学生的 GPA 的相关性明显高于数学和阅读。另外，这项研究进一步证实，高中 GPA 与 SAT 成绩相结合是评价大学申请学生学业成绩的最有效的方法。

表 1-1　高中 GPA 和 SAT 成绩与大学一年级的 GPA 之间的多变量相关性分析

预测变量	R^2	修正的 R^2
高中 GPA	0.36	0.54
SAT 阅读	0.29	0.48
SAT 数学	0.26	0.47
SAT 写作	0.33	0.51
SAT 阅读、SAT 数学	0.32	0.51
高中 GPA、SAT 数学、SAT 阅读	0.44	0.61
SAT 阅读、SAT 数学、SAT 写作	0.35	0.53
高中 GPA、SAT 阅读、SAT 数学、SAT 写作	0.46	0.62

注：样本量为 151 316。R^2 为相关指数。

① KOBRIN J, PATTERSON B, SHAW B, et al. Validity of the SAT for predicting first-year college grade point average. Research Report. No. 2008-5. College Board, 2008.

四、总结与启示

哈佛大学的全国性奖学金项目和加州大学本科招生的“综合评价”制度对标准化考试的不同要求充分体现了大学入学标准化考试的时代性特征。哈佛大学的全国性奖学金项目设立于20世纪初期，当时的美国基础教育体制既不完善也不具备平等性。因此，在这种情况下，若以高中授课内容为标准对申请学生进行评价是难以实现平等招生的愿望的。所以哈佛大学当时选择以考核智能为主的SAT作为选拔奖学金获得者的标准是时任领导的卓见，也是时代使然。经过半个多世纪的发展，虽然美国的基础教育体制已较为完善，但教育质量，特别是基础知识的教学质量却出现了滑坡现象。当然，这种结果不能归因于SAT的考试模式。不过由于SAT成绩在招生中使用广泛，而考试内容与高中授课内容又没有直接紧密的联系。因此，它对高中教学的促进作用几乎是微乎其微，这也是不争的事实。

哈佛大学的全国性奖学金项目和加州大学的“综合评价”制度也充分证明了大学对标准化考试的兴盛、发展以及改革具有很大的影响力和推动作用。尽管各大学与拥有SAT版权的美国大学委员会以及具体组织实施考试工作的ETS之间不存在任何行政隶属关系，但是它们的共同服务对象——参加考试的学生，却为他们构建了一种“顾客”与“企业”之间的关系。也许正是这种关系促进了大学对SAT改革所起的推动作用。正如美国领导艺术之父彼得·德鲁克(Peter Druker)所认为的，企业需要“创造顾客”，顾客的需求也是企业革新的原动力。当然，对于以培养人才为己任的高校而言，大学招生是圆满完成其教育使命的第一步，任何不公平的评价方法都可能对申请学生和高校本身的未来发展造成严重影响。因此，大学强化参与标准化考试改革的主动意识既是大学自身建设的需要，也是承载社会责任的一种方式。

无论哈佛大学全国性奖学金项目对SAT的全盘接受，还是半个多世纪后加州大学的“综合评价”制度对SAT的质疑，都是建立在大量的研究之上。由此，我们可以看出美国大学招生机构不仅担负招收学生的重任，而且还担负研究和评估大学入学考试和招生的要务。美国每一所大学的招生办或者院校研究办公室都有专人对招生结果进行研究和评估。许多大学还对标准化考试成绩的效度进行定期或者不定期的研究,其结果不仅为本校招生政策的调整提供主要依据,也为标准化考试改革提供参考。事实上,和大学委员会以及ETS相比,大学在研究标准化考试中更有优势。大学既有学生入学前的各种考试成绩和个人背景信息,也有学生入学后的详细资料。因此,大学可以从多种角度对学生入学前后的对应成绩和个人发展情况的相关性进行研究。特别是近些年来,随着建构主义教学模式以及教育技术在教学中的广泛使用,大学对学业成功有了新的要求。因此,评估方法也日趋多元化。例如,各种大学生学习、生活等方面的自我调查问卷,已成为许多大学了解学生情况和评估学生发展不可或缺的工具。通过这种方法,大学收集了大量的、非常有用的信息。类似的数据均可用来研究大学标准化考试成绩对大学生发展的预测性效度。正是凭着这种积极的态度和科学的研究评估方法,美国大学招生机构得以在大学入学考试改革中发挥举足轻重的作用,这些机构的研究人员也成为相关的学术研究的奠基者和主流力量。

综上所述,由于大学,特别是重点大学不能为所有申请学生提供求学机会,因此大学必须使用某种标准对申请人进行择优录取。到目前为止,无论是久负盛名的私立哈佛大学,还是闻名全球的公立加州大学,都仍然把标准化考试成绩作为大学招生中评定学生合格性的重要指标之一。但这并不表明美国的大学入学标准化考试已完美无缺。相反,从前面阐述的早年的哈佛大学以及当今的加州大学的招生制度,我们可以断言,如何改进大学入学考试将是大学招生研究中永不枯竭的话题,而大学在这项研究中的积极参与意识是改革能否实现的关键。[①]

① 美国大学委员会于2016年对SAT推理考试已进行了再次改革,把之前的SAT推理写作分为两个部分,即关于文法的多项选择和作文,而且作文从文法部分划分出来单独计分。

第二篇

大学招生的卓越性
与公平性

第二章　初论大学招生的卓越性与公平性[①]

一、概述

如何公平合理地招收具有卓越品质的学生，是大学招生中最为棘手的问题，也一直是大学乃至全社会关注和探索的问题。在中国如此，在其他任何国家亦不例外。一方面，卓越学生是大学渴求的对象，是大学是否能够圆满完成教学、科研以及服务三大任务的关键需要。但如何定义“卓越学生”却又很难有一个统一的标准。学习成绩好固然是卓越，但其他特长如体育、音乐、领导能力、社会服务能力、宗教文化知识等也是多元智力的重要组成部分，也是社会经济发展不可或缺的支柱，因此也是卓越学生必须具备的条件。但对绝大多数学生来说，这些条件是很难同时具备的。所以多年来，大学在招生中追求卓越时一直努力寻找这些多维条件之间的最佳平衡点，或称为“综合素质”。但非常遗憾的是至今还没有一所大学或招生部门敢断言，他们已经找到了这样一个最佳平衡点。

另一方面，什么是大学招生的公平性也是大家争论不休的问题，如在考虑公平因素时是否需要考虑社会经济发展、基础教育机会、家庭背景、社区环境等差别对学生学习和自我发展的影响。赞成者认为，忽视这些因素的评价标

---

① 本章内容原发表于《考试研究》2010 年第 3 期。此处有删改。另外，自这篇文章于 2010 年发表以来，加州大学的招生政策已有改革，但本文仍然保留了原文对当时的政策的解读。想了解新政策的读者，请参考加州大学招生网站提供的相关资料。

准本身就反映了一种不公平。他们认为，中小学资源分配不平衡所造成的学校教学条件的差异对学生的学业成绩会产生严重影响。特别是在当今信息时代，学校是否配备现代化教学设备和拥有熟悉当代教学方法的教师是决定教学效果的主要因素之一。如果大学招生时，不考虑这些因素，对生活在贫困地区和出生在家庭背景较差的学生是不尽公平的，对社会的多元化发展也会产生不利影响。反对者则认为，在大学招生评价中考虑这些因素可能对一些综合素质好的学生来说是一种反向歧视。

当然，如何界定“卓越”和“公平”与一个国家的政策、经济发展状况、人文背景以及大学的办学方向和经费来源也都有直接关系。比如说公立和私立大学，由于自身的责任对象不完全相同，可能对大学招生的公平性界定也存在一定差异。本章阐述美国加州大学本科招生的“卓越性”和“公平性”的理念以及实践方法，希望对我国大学招生改革有所启发。

二、加州大学本科招生理念

加州大学是美国乃至世界最大的研究型大学。2010 年左右，每年有 13 万学生申请加州大学，录取率大约为 80%，但伯克利分校、洛杉矶分校的录取率都低于 30%。加州大学是加州的公立大学，所以本科招生以服务本州居民为主，每年招收的新生中大约有 95%为加州居民。在同等条件下，加州大学优先录取加州居民。另外，加州大学每年招收的学生中大约有三分之一是转学学生，主要来自加州的 100 多所社区学院。下面阐述的加州大学的招生理念在绝大多数情况下适用于所有学生，但第三部分的招生方法主要是针对高中毕业生而言。

加州大学本科招生的理念就是“对加州居民负责”，通过公平性及多元化的方法招收卓越的学生。卓越学生的界定内容包括：1）学习成绩，主要是指学生在中学所修课程以及标准化考试的成绩等；2）个人成就，主要包括学生在高中阶段在学术以及各种活动中所取得的个人成果，如在各种学术、体育比赛中获得的奖励等；3）申请学生为大学和社会的整体发展做出贡献的潜在能力，主要指学生所具有的特殊才能以及参加社会活动、义务劳动的动机和能力等。“公平性”的理念主要体现在：1）综合评价学生的基本素质，既包括学习成绩、个人成就、创新能力等，也包括学生为社会、就读大学做出贡献的潜力；2）充分考虑学生的个人背景以及接受基础教育的机会对他们学业成绩以及个人发展的影响。

加州大学本科招生“卓越性”与“公平性”理念的形成受多方面因素的影响。首先，加州大学作为一所公立大学，它必须对所有加州纳税人负责。它不仅要创造社会“精英”，更重要的是要担负提高加州居民素质的重任。由此可见，加州大学招生的“卓越性”与“公平性”是其使命使然。其次，《加州教育法》明确规定，加州大学应招收符合录取标准的所有学生，其招生政策应充分反映加州文化、种族、地理、经济以及社会多元化的特征。因此，加州大学对本科招生“卓越性”和“公平性”的界定范围必然要超脱传统单一的测量模式。最后，加州大学的这一理念与其始终秉持的学生发展多元智力和高等教育多元化理念无不相关。“高等教育多元化”是加州大学教学、研究和服务的显著特征之一，同时也是加州大学圆满完成这三大办学任务的重要支柱之一。因此，将“多元化”融入大学招生的政策制定中实乃加州大学办学模式和理念所致。

三、加州大学的实践方法

为了最大程度地实现上面阐述的本科招生的“卓越性”与“公平性”的理念，加州大学多年来一直在不断改革和完善其本科招生制度。现行的“综合评价”制度在实现这一理念中发挥了前所未有的积极作用，也得到了美国许多高校的广泛关注和借鉴。综合评价制度包括两个步骤：确定合格性和择优录取。

（一）确定合格性的方法

加州大学确定合格性的方法是多元化的。但基本的条件是申请学生必须完成加州大学要求的 7 门高中课程。这些课程包括：历史与社会科学、英语、数学、实验科学（化学、物理和生物）、外语、艺术以及大学预备选修课（前 6 门课中任选 1 门，但要求课程的难度要至少高一个级别）。对达到这个基本要求的申请学生，加州大学采用以下四种方法评定学生是否合格。学生只要达到其中任何一种标准，即被录取。

（1）高中 GPA 和标准化考试成绩（SAT 或 ACT 成绩）。这是加州大学评定申请学生合格性的主要方法。加州大学利用统计学方法计算高中 GPA 和标准化考试成绩相应的平衡交叉点，当学生的这两项成绩达到这一平衡交叉点时，即为合格。例如，高中 GPA 为 3.00 时，标准化考试成绩不能低于 2 338 分（5 门 SAT 成绩，包括 SAT 推理考试中的阅读理解、数学和写作，以及任选两门不属于同一学科的 SAT 专业课考试成绩）；高中 GPA 为 3.35 时，标准化考试成绩不能低于 1 912 分。

（2）标准化考试成绩。这种评定方法类似于我国利用高考成绩评定学生合格性的方法。这种评定方法对标准化考试成绩要求非常高，即要求达到总成绩的最低录取分数，还要求各门课的成绩也要达到一定的分数线。能达到这种要求的学生不是很多，但为一些由于种种原因，例如转学、移民等而造成的高中 GPA 较低的学生，提供了就读加州大学的机会。

（3）地方合格性标准。这一标准是以同一所高中毕业的学生为评定对象。也就是说，根据高中 GPA，在毕业学校排名在前 4%的学生就算自动达到加州大学的本科招生标准。这种方法充分考虑了学校的教学标准和质量以及学生的就读机会等因素对学生的高中 GPA、标准化考试成绩和其他综合能力发展可能造成的影响。事实上，这种方法与我国重点大学按省（自治区、直辖市）分配指标的方法相似。只不过加州大学以 1 000 多所高中为单位分配指标，而我国以 30 多个省（自治区、直辖市）为单位分配指标。当然，这两种方法的评价办法以及对学校的教学所产生的影响还是存在很大的差异的。

（4）特殊才能。加州大学自 1991 年起，允许每所分校每年可以根据实际情况招收具有特殊才能或特殊情况的学生。这些学生通常由于某种原因而未达到前面阐述的任何标准。加州大学规定通过这种方式录取的学生人数不能超过总录取人数的 6%，并要求其中的 4%要面向经济比较落后的地区和家庭，其余 2%则特别考虑由于特殊情况未能达到其他录取标准的学生，如退伍军人、残疾学生等。

加州大学保证录取所有合格的加州居民学生，但由于有的专业、学校的申请学生远远超过了招生计划，所以加州大学不能保证按照学生的申请专业和学校录取所有合格的学生。在这种情况下，加州大学通过择优录取方式优先录取卓越学生，对未能按照申请专业和学校录取的学生，加州大学在内部进行院校和专业调整。

（二）择优录取

多元化的择优录取评价是加州大学进一步确保和实现大学招生“卓越性”和“公平性”理念的方法。其评价内容涵盖学业成绩、个人成就、对大学和社会做出贡献的潜在能力、个人就读机会等（详见本书第三章相关内容）。

加州大学各分校所制定的择优录取评价方法不尽相同，但都遵循这些评价标准。伯克利分校和洛杉矶分校的评价方法较为接近，每一项标准都没有固定的权重，评价人员对申请材料进行综合审核并打分。其他学校在每一项指标上有固定的权重，是通过计算机软件和审核人员评审相结合的办法进行评分。例如，其中一所分校 2008 年的评分权重是：高中 GPA 占 40.5%，标准化考试成绩占 28.8%，高中普通课程占 4.5%，家庭低收入、第一代大学生、符合地方合格性标准、学校排名占 20%，领导能力、特殊才能、社区服务和义务劳动、教育项目等占 2.7%，特殊情况、个人艰难挑战、进步情况等占 3.5%。无论采取哪种方法，多元化择优录取评价方法是每所分校都必须遵循的原则。

（三）基础教育就读机会评价指标

基础教育就读机会在加州大学本科招生评价指标中占非常高的权重。除了上面提到的地方性合格确定标准完全是按照学生毕业学校为评定基础外，就读机会在择优录取中也是考虑的重要指标之一。评价指标通常包括七个方面的内容：1）就读学校的基本情况，如地理位置、地区分布（城市、郊区、农村）、地区的社会经济情况、入学人数等；2）教学成果，如学校在加州的排名、标准化考试平均成绩排名等；3）学校教学环境及资源，如替补教师人数、生师比、英语初学人数、享受免费或折扣午餐的学生人数、父母双方均未接受大学教育的学生人数、十年级学生流失率、没有完成加州大学要求的课程的学生人数、申请加州大学学生的家庭平均收入等；4）毕业学生，如毕业人数、申请加州大学的学生数、申请加州大学的学生占毕业学生的比例等；5）申请加州大学某一分校的情况，包括申请人数、被录取学生人数、入学人数等；6）标准化考试各科名次，包括阅读、数学和写作；7）学校开设的非高中普通课程的情况。

对学生基础教育就读机会的评价是加州大学践行本科招生"公平性"理念时所考虑的主要因素之一。众所周知，学校的质量以及社区环境的好坏对学生的学习以及个人发展有很重要的影响。所以加州大学在审核学生的申请时将学生的就读机会作为重要的考核背景资料，并对学习成绩和个人成就进行相对性比较，也就是说以"背景资料"为基础对学习成绩和个人成就加权后再比较。例如，学生是否完成足够的非高中普通课程与学校是否开设这些课程有直接的关系，如果学校没有开设这些课程，学生自然没有机会去学这些课程。在这种情况下，如果我们将毕业于这所学校的学生和另外一名毕业于开设足够多的非高中普通课程的学校的学生进行绝对性比较，对前者是不公平的。但毋庸讳言，如何有效地将学生就读机会作为一种"调整"学习成绩的指标，或者说加权比重应该是多大，加州大学也没有一个明确的规定，上面阐述的内容也只是要求评判人员在评分时酌情考虑。加州大学仍在不断探索一种更加科学的加权方法，努力将学生就读机会更加合理地纳入大学招生的评价指标中。

四、加州大学的经验和教训

加州大学的本科招生政策自从大学成立之日起就面临着激烈的挑战。但为了最大可能地实现"卓越性"与"公平性"的诺言，加州大学从未停止招生政策的改革步伐。其中学业成绩评价的改革、《平权法案》的采纳以及"综合评价”制度的实施等具有深刻影响，其经验和教训值得深思。

（一）学业成绩评价的改革

如何全面公平地评价申请学生的学业成绩一直是加州大学本科招生争论和探讨的话题，但双轨制评价，即高中课程和标准化考试成绩是加州大学多年来本科招生学业成绩评价一贯坚持的原则。建校初期的十多年，加州大学本科招生录取主要以申请学生的面试成绩为评定标准。其后的实践证明，面试不是理想的评价办法，不仅给考生带来许多不便，而且容易受主客观因素的影响，使考试成绩的可靠性受到质疑。随后，笔试代替面试，由加州大学教师自己命题。直到 1957 年，加州大学才开始计划在本科学业成绩评价中使用 SAT，并对 SAT 进行非常详细的考察和研究。研究的问题主要包括：1）SAT 成绩是否能提高对大学成绩的预测效度；2）SAT 成绩是否能够用来对中学成绩绩点的膨胀进行校正；3）SAT 成绩是否能够用来对急剧增长的大学入学人数进行有效的控制。研究结果表明，加州大学要求的高中课程以及学业成绩对大学新生 GPA 的预测能力远远高于 SAT 考试成绩，所以，采纳 SAT 的设想未能得到加州大学教师的接受。到了 20 世纪 60 年代中期，由于《加州高等教育总体规划》规定加州大学的招生人数必须限制在加州高中毕业生总数的 12.5%，加州大学不得不采用标准化考试来控制招生人数。自此，标准化考试在大学招生学业成绩评价中的信度和效度成为加州大学和社会大众关注和辩论的焦点之一。

（二）《平权法案》的采纳

《平权法案》是在 20 世纪 60 年代初期开始实施的。从大学招生的角度来讲，其目的是通过对族裔以及其他个人因素的考虑，为少数族裔以及家庭背景较差的学生提供更多的教育机会，使大学生的组成从族裔、家庭经济情况以及父母教育程度的角度来衡量更加多元化。这一法案自实施以来的确在推进高等教育多元化方面发挥了积极的作用，到目前为止，在美国绝大多数州仍然有效。但也有许多人对这个法案提出了异议。他们认为，在大学招生中使用法案的相关条款来支持大学招收学业成绩较低的少数种族学生，降低了大学的教学质量。更有许多人批评这项法案对被拒之大学校门之外的更合格的白人学生具有歧视倾向。[①]

加州大学于 1974 年依据《平权法案》的有关条款，将族裔、性别、家庭经济情况等因素纳入大学招生评价标准。[②] 加州大学的这一改革确实大大提高了少数族裔学生在加州大学的入学比例，但加州大学也未幸免卷入被谴责和控诉的浪潮。1978 年加州大学被推上了被告席。一位白人学生控告加州大学为了给低于他的成绩的少数族裔学生留指标而将他拒之门外。美国最高法院虽然承认大学有权在招生中将族裔作为一种因素来提高大学生组成的多元化，但也宣判以族裔为标准划分招生比例违反了美国宪法中有关"人人享有平等保护"的条款。20 世纪 90 年代，先后有许多州取消了这一法案的有效性，并通过法律禁止在大学招生中将族裔作为考核因素。加州颇受争议的《209 法案》就是其中之一。从 1998 年起，加州大学在招生中不再考虑族裔、性别等因素。这一改革导致了加州大学少数族裔学生、低收入家庭学生以及边远地区学生人数的显著下降。特别是在具有公立大学"旗舰"之称的加州大学伯克利分校和洛杉矶分校，具有这些特征的学生所占比例的下降程度更加显著。这一结果导致了加州从政府部门到纳税人的强烈抗议和谴责，并强制加州大学寻求公平且能反映加州多元文化、种族等特征的本科招生政策。

（三）"综合评价"制度的实施

加州大学本科招生的"综合评价"制度是加州大学乃至全美公立大学近几十年来大学招生改革的里程碑。正如前所述，"多元化"是这一制度的精华所在，即对卓越学生多元智力予以认可，也采纳多种方法对这种智力进行评价，

① DECESARE D. Affirmative action. ECS Policy Brief. Education Commission of the States, 2003. http://www.ecs.org/clearinghouse/32/15/3215.htm. Retrieved 4/18/2008.[上网时间 2019 年 5 月 8 日检索]

② 《平权法案》(Affirmative Action) 是在 20 世纪 60 年代初期建立的。从大学招生的角度来讲，其目的是通过对种族因素的考虑，为少数族裔学生提供更多的教育机会，使大学生的组成从种族、家庭经济情况以及父母受教育情况角度来讲体现多元化。

同时考虑就读机会对学生学习和自身发展的影响。这一评价制度得到了加州广大纳税人的支持和认同，增加了加州大学“弱势”群体学生的人数。和美国同类大学相比，加州大学招收的低收入、家庭第一代大学生人数的比例最高。

当然，加州大学的“综合评价”制度也遭到了部分人士或族群的反对。这些反对声音主要是针对上面谈到的第三种合格性确定方法，即“地方合格性标准”。加州大学承认这种分配指标的方法在某种程度上对就读于好学校的学生有所不公。但在加州这样一个多族裔、多文化、经济发展不均衡的地区，加州大学要想在力所能及的范围内最大程度地实现它所承诺的“对所有加州居民负责”的办学目标，这种方法在短期内实属最佳策略。当然，从长远发展规划的角度来看，消除基础教育发展中存在的差别是解决这一问题的根本。但促进基础教育的均衡发展受各种条件以及地方文化背景的制约，且投资大、周期长、见效慢。加州大学的“地方合格性标准”招生办法表明，适时调整招生制度在提高大学入学机会的公平性上确实具有明显的短期和区域性效应。目前，美国德克萨斯、佛罗里达等州也有相应的招生政策。

五、小结

综上所述，加州大学本科招生的“卓越性”与“公平性”理念及其实践方法充分体现了多元智力和多元评价的特征，同时也考虑了加州社会经济发展和基础教育机会不均衡的问题。这种理念对高等教育的多元化以及社会的整体发展无疑有益处。但现行的制度亦非尽善尽美，以中学为单位分配指标的招生方法亦非长久之计。消除基础教育发展的不平衡，使所有学生在申请大学时处于同一条起跑线上，让大家在同等条件下公平竞争才是公平社会的真谛。“他山之石，可以攻玉”，虽然中美两国的社会制度、发展水平、高等教育体制不尽相同，但加州大学本科招生的理念及其实践方法仍值得我们思考和借鉴。

第三章　再论大学招生的卓越性与公平性[①]

一、"卓越"与"公平"

要实现高等教育的"卓越"与"公平",人们无一例外会联想到大学招生。但在大多数人的心目中,大学招生这个概念可能还是很模糊的,特别是当单一评价方法在招生中占据主导地位时,人们想象中的大学招生只是简单的考试以及根据考试成绩排名的过程。其实,如何通过公平的大学招生来招收优秀学子在实现高等教育"卓越性"和"公平性"的目标中发挥着关键性的作用,其过程蕴含着复杂的科学真理和高尚的道德操守。但非常遗憾的是,并没有一个大家普遍认可的关于卓越与公平的界定,特别是在招生中如何能够做到两全其美,一直是人们争论不休的焦点,也是教育主管部门和大学探索的一个领域。

哈佛大学教授查里斯·韦列(Charles Willie)认为,"卓越"代表的是质量,甚或是品质,因此在很大程度上来说,它反映的是个体特征;而"公平"体现的是在许多个体之间分配有限资源、机会、服务等的方法或者技巧,因此,它赋予群体性、组织性等特征。一味追求"卓越"或者"公平"都不能达成高等教育所追求的知识创新、培养人才、造福社会的理想境界。因为,没有公平的卓越将

---

① 本章内容原发表于《考试研究》2012 年第 2 期。此处有删改。另外,自这篇文章于 2012 年发表以来,加州大学的招生政策已有改革,但本文仍然保留了原文对当时的政策的解读。想了解新政策的读者,请参考加州大学招生网站提供的相关资料。

导致孤芳自赏式的骄气自大，只执着公平而不追求卓越将最终归于平庸。事实上，卓越与公平可以相辅相成地完善彼此。他进一步强调，在人类生存的社会体系中，整体是个体的基础。整体存在的原因就是要支持每一个个体的生存。①

20 世纪 80 年代，美国国家教育卓越委员会对卓越和公平是这样论述的：卓越意味着大学为所有的学生制定较高的期待和目标，并竭尽全力帮助他们完成这些目标。对一个接受了这一理念的社会来说，卓越就意味着通过教育使它的公民有能力应对社会变革所产生的挑战。该委员会进一步强调，对教育卓越和改革的努力不能以牺牲公平对待多元化公民的努力为代价。公平和卓越的教育双重目标对经济和社会发展都有着长远现实的意义，无论在制定政策还是在实际工作中，不可将一方强加于另一方之上。②

原普林斯顿大学校长威廉·鲍恩(William G. Bowen)认为，高等教育的核心目标是培养有才能的年轻人，使他们有能力担负推动、创造"人力资本"的重要角色。而人力资本的最重要的组成部分是社会"生产力和财富"。美国大学从来没有将自己视为仅仅为"实践"(或者说狭隘的"职业")目的提供服务。学习的重点是为了"生活"(live a life)，而不是为了获取职业和"钱财"。③ 在这样的目标之下，他对高等教育招生的卓越性是这样论述的：作为对卓越性追求的一部分，大学想要通过招生吸引最优秀的学生无可厚非；但由于基础教育资源和机会分配不均，要在短期内改善高等教育入学不公平的现状，改革招生制度不失为一种捷径。当然，他也强调，从长远发展规划的角度来看，消除基础教育发展中存在的差别是解决这一问题的根本。但是，促进基础教育的均衡发展受各种条件以及地方文化背景的制约，且投资大、周期长、见效慢。在美国要实现这一目标恐怕至少需要一代人甚至更长时间的努力。美国大学招生

---

① WILLIE C. On Excellence and Equity in Higher Education. Journal of Negro Education, 1987, 56(4): 485.

② The National Commission on Excellence in Education, A National at Risk: The Imperative for Educational Reform, 1983: 14.

③ BOWEN W G, KURZWELL M A, TOBIN E M. Equity and Excellence in American Higher Education. University of Virginia Press: Charlottesville and London. 2005: 2.

研究“彩虹项目”的创始人、世界著名心理学家罗伯特·斯坦伯格(Robert Sternberg)通过大量研究发现,家庭背景与评价学生学业成绩的因素(如高中成绩、标准化考试成绩等)有显著的关系,所以他强调,好的大学招生官员在招生评价中会考虑申请学生的家庭背景以及学生使用公共资源的机会。[①]

享有世界盛誉的美国加州大学在本科招生中始终秉持卓越与公平原则。加州大学作为一所公立大学,必须对所有加州纳税人负责。因此,它不仅要创造社会“精英”,更重要的是要担负提高加州居民素质的重任。《加州教育法》明确规定,加州大学应招收符合录取标准的所有学生,其招生政策应充分反映加州文化、族裔、地理、经济以及社会多元化的特征。加州大学在招生中依据的卓越与公平原则与其始终秉持的学生发展多元智力和高等教育多元化理念不无相关。高等教育多元化是加州大学教学、研究和服务的显著特征之一,同时也是加州大学圆满完成这三大办学任务的重要支柱之一。因此,将“多元化”融入大学招生的政策制定中实乃加州大学办学模式和理念所致。这也就是为什么加州大学推行“地方合格性标准”的原因所在。

二、实施“卓越”与“公平”的相关法律和招生制度

(一)《平权法案》

相关内容详见本书第二章。

(二)地方合格性标准

“地方合格性标准”是指在大学招生中,以申请学生在其所在中学应届毕业生中的排名的百分比为评价标准,进而确定他们是否达到大学招生的最低要求。这项政策最早于1999年在佛罗里达州兴起,随后逐渐被德克萨斯公立

① STERNBERG R. College Admissions for the 21st Century. Harvard University Press, Cambridge, Massachusetts & London, England, 2010: 8.

大学系统和加州大学所采纳。① 这三个地区的百分比标准分别是：佛罗里达20%，德克萨斯10%，加州大学4%。虽然这三个地区在大学招生中都是以学生高中成绩的排名为标准，且保证录取这些学生，但在招生中所实施的具体程序不尽相同。例如，加州大学对学校的合格性也要进行初步预审。合格学校必须是美国西部学校和大学协会（WASC）认证通过的正式学校，或者是该协会的候选认证学校，并且必须有能力开设加州大学招生所要求的所有高中课程。当然，不能达到这一标准或者不愿意加入这一项目的学校很少。2001年是该项目实施的第一年，只有不到3%的学校没有达到这一标准或者选择不参加这一项目。另外，就加州大学而言，虽然保证录取所有排名在前4%的合格中学的毕业生，但不保证按照他们申请的分校或者专业录取。如果不能按照他们的申请志愿录取，加州大学会在分校之间进行调配。

"地方合格性标准"在上述三个地区实施几年后，哈佛大学民权项目组（The Harvard Civil Rights Project）于2003年对这一政策在招生中，特别是在促进高等教育多元化方面发挥的效用进行了全面的评估和研究。②③ 研究发现，"地方合格性标准"的作用远低于预期目标，甚至逊色于《平权法案》在这方面发挥的作用。近几年各州对这个政策也都作了相应的调整，希望能够在这方面取得更大的进展，也希望能够通过这一政策招收更多的来自偏远、教育相对落后地区的学生。例如，加州大学从2012年起，将这一百分比从4%提升到9%。值得一提的是，这一政策虽然在2012年实施，但在2009年就颁布了。其目的是让当时升入高中的学生尽早明白这一政策将在他们毕业时实施，以便让他们提前做好准备。从初步的分析结果来看，这一改革将更加丰富和充实加州大学的多元化。

---

① 在德克萨斯和佛罗里达州，这个招生方法被称为"百分比计划"；在加州大学，被称为"地方合格性标准"。为了与本书其他章节的描述保持一致，这里统称为"地方合格性标准"。

② P MARIN, L EDGAR. Appearance and Reality in the Sunshine State: The Talented 20 Program in Florida. The Civil Rights Project, Harvard University, 2003.

③ HORN C, FLORES S. Percent Plans in College Admissions: A Comparative Analysis of Three States' Experiences. The Civil Rights Project, Harvard University, 2003.

（三）“综合评价”制度

美国大学，特别是研究型大学在招生中普遍采纳“综合评价”制度，即全面考核学生的知识和各种技能，如学习成绩、学习动机、领导能力、服务意识、创新能力等。在公立大学中，加州大学、德州大学、明尼苏达大学的“综合评价”制度都具有代表性。例如，加州大学的评审包括两个步骤：一是采用多元化的方法确定申请学生是否达到了最低录取标准，二是对达到最低要求的申请学生通过综合评审择优录取。评价指标包括高中成绩、标准化考试成绩、就读学校的教学背景、学业特长、专业表现、领导才能等 14 项指标。但具体评价工作主要由分校负责实施，各分校的评价方法也不尽相同。例如伯克利、洛杉矶等分校采取单一打分制，即由评审人员综合阅读申请资料，然后打分；另外一些学校则根据每一项指标的固定权重打分，然后根据得分情况做出录取决定。

此外，美国一些规模很小的文理学院的招生评价方法也非常严密，且多元化。例如，科罗拉多学院（Colorado College）始建于 1874 年，目前有在校学生 2 065 名，在《美国新闻与世界报道》的国家文理学院中的排名为第 27 名。2010 年的录取率是 34%，与排名在第 25 名的研究型大学弗吉尼亚大学（University of Virginia）几乎相同（33%），低于绝大多数研究型大学。科罗拉多学院除了要求学生提供绝大多数综合型大学要求的高中成绩、大学入学考试成绩（SAT 或者 ACT）外，还要求学生填报参加过的各种活动（社区活动、课外活动、义务劳动、工作经验等）和反映个人独特性的陈述报告（essay）。例如，2012 年的个人陈述报告题目包括：1）简单阐述你参加过的一项课外活动或者你的工作经历；2）评价你的一次重要的经历、取得的成就、遇到的风险，或者你面临的道德理念及相关行为的困惑，并简述对你产生的影响，等等。

当然，不可否认每一种评价因素都有其优势和薄弱的环节。只有综合利用这些评价因素，才能最有效地实现“卓越”与“公平”的目标。

三、实现“卓越”与“公平”的多元化评价因素

评价因素多元化是美国大学本科招生的主要特征，也是它们实现“卓越性”与“公平性”的主要措施。这些因素通常包括高中成绩、班级排名、完成的课程数量和难度、标准化考试、面试、课外活动参加情况等。[①] 这些指标各有利弊，单独使用都不能实现招生的“卓越性”与“公平性”。下面简要介绍这些因素的利弊。

高中成绩对完成大学学业的正面预测程度最大，它反映了学生较广泛的知识和技能，而且本身已经既定存在，不需要花费额外的时间去收集和整理。但由于不同的学校所开设的课程在难度、评价方法、课程组成等方面存在差异，所以不同学校的相同的高中成绩所反映的学生掌握知识和技能的程度不尽相同。另一方面，高中成绩在很大程度上反映了学生掌握老师要求他们掌握知识的能力，而非他们实际的知识和能力，例如创新能力等。

班级排名对上面提到的高中成绩的弊端起到了一定的调整作用，同时也兼顾到了学校的背景，特别是为学生提供的教育和成长的机会。但后者也正是排名的缺点所在，由于未考虑学校的教学质量，不同学校排名相同的学生可能实际能力会千差万别。

学生完成的课程数量和内容有助于评价学生的学习兴趣和动机，但这种动机往往与学校提供的教育机会的丰富程度有关，例如，有的学校有能力开设很多高难度的选修课程，这样学生就有机会选修。相反，一些边远地区的学校由于资源有限，无法给学生开设足够的选修课程，学生选课数量自然不多。

标准化考试是测试与完成大学学业直接有关的技能，具有统一的标准，而且考试是客观判断试题，不存在评分的偏差问题，所以广受大学招生的青睐。但标准化考试不能全面反映学生的实际成绩，如实践能力等，有时反映的成绩

---

① STERNBERG R. College Admissions for the 21st Century. Harvard University Press. Cambridge, Massachusetts & London, England, 2010: 35-57.

也不真实，如经过多次训练的学生可能具有较好的考试技能，考试成绩也就较高。

面试也是许多学校，特别是规模较小的学校常用的评价方法，但在招生中所起的作用微乎其微，其原因是：首先，面试往往只能区分最好的学生和最差的学生，很难区分中间的学生。其次，面试包含了太多的自我表现技能在内，有的学生需要较长的时间来“热身”，而有的学生一上场就应对自如。最后，面试有很大的主观臆断性，如果应试学生与考官认知标准相投，可能会得高分。

课外活动反映了学生的个性和基本素质，特别是考试成绩所不能测量的公民所具有的基本素质，如参加社区服务、义务劳动的意愿。但在大学招生中，课外活动所占的权重很小，主要原因是与考试成绩相比，课外活动的参与程度与大学学业完成的相关性较小，课外活动的参与程度难以量化。另外，评价人员很难根据有限的信息准确判断学生参与某项活动的意义和价值，学校提供的机会不同，学生参与的程度也不同，学生填写信息时使用的标准不同，也会造成信息准确性问题。

推荐信可以提供许多不同的信息，包括学习、个性化特征、各种技能、学习动机、兴趣等，但只有实事求是的推荐信才能准确反映学生的这些技能，特别是与高中成绩一样，推荐信也有“膨胀”的趋势。有的推荐人并不了解学生的具体情况，而有的推荐人非常熟悉大学招生的评价重点，所以写推荐信时常常“有的放矢”。

个人陈述或作文反映了学生特殊经历和才能，可以帮助考评人员更加全面了解学生的成长背景及个性特征，并将这些特征与学生取得的学业成绩联系起来对学生进行更加合理的考核。例如，学生在学习中由于疾病、家庭变故等原因造成的困难可能会影响学生的高中及标准化考试成绩。但这种评价因素的缺点是个人陈述有可能被人为夸大或者忽视。例如有的学生可能会寻求专业人士的“包装”服务，试图迎合评审人员的“口味”。

四、小结

综上所述，大学招生在高等教育实现“卓越性”与“公平性”的目标中起着至关重要的作用。美国的大学在招生中享有极大的自主决定权，因此，它们有权制定可以反映本校办学特征的招生政策，将招生对象的个性与共性有机融合起来，通过多元方法对学生的综合素质进行考查，做出既符合学生，又符合本校特征的招生决定，并最终有效地实现大学招生的卓越与公平目标。

第三篇

大学本科招生“综合评价”制度

第四章　大学本科招生"综合评价"制度探析

"综合评价"是一项复杂的工作，其制度包括政策和实践两个方面的内容。本书从招生原则，评价内容和指标体系，评分标准，学生申请系统，评价过程，录取决定以及招生政策和结果的评估等七个方面对"综合评价"制度的政策和实践过程进行分析，并对制度的构建理念进行探讨。

一、招生原则

招生原则通常又包括总体方针和具体实施原则，体现了"综合评价"制度政策层面的内容。总体方针是大学招生制度的"灵魂"，是制定招生实施原则、评价指标体系、评价过程等的指南。招生的总体方针必须根据大学的教育理念和办学任务来制定，旨在明确阐述大学招收什么样的学生、采取什么的措施来组建一届学生等。换言之，招生总体方针必须明确规定通过"综合评价"招收具有什么样特征的学生才能够与大学的办学任务以及本科教育定位和结构相"匹配"。例如，作为一所公立大学，美国加州大学始终秉持"社会贡献"(public commitment)的办学理念。"教学为加州，研究为世界"是加州大学从事教育和科研工作的承诺。三者共同构成了加州大学教育、科研和服务的办学方向和任务。因此，加州大学所制定的本科招生总体方针是"招收具有卓越学业成绩和个人才能的学生，组建能够反映加州多元文化、族裔、地理、社会经济特征的一届学生"。总体方针进一步规定："学校要利用多元化指标在充分考虑学生的背景和拥有的教育机会的前提下，评审学生的学业成绩和个人成就，以及为大学和社会做出贡献的潜能。”[①]

加州大学管辖10所分校，除旧金山分校主要培养医学研究生外，其他9所学校都设置本科和研究生专业。作为公立大学，它必须为加州的教育、社会经济发展培养人才和提供服务，因此在大学招生时必须优先考虑如何满足加州社会经济和教育发展的需求。这也就不难理解，加州大学为什么在其招生的总体方针中强调招收的新一届学生必须反映加州社会经济多元化的特征。另外，高等教育多元化、改变“弱势群体”的社会地位一直是加州大学所追求的教育理念和办学方向。加州大学的招生结果就充分反映了这一理念和社会价值观。在加州大学就读的低收入学生（享受联邦政府助学金的学生）占所有学生总数的42%；其中在加州大学5所分校每一所分校就读的低收入学生都多于在所有常春藤联盟大学就读的低收入学生。[②] 显然，这一卓著成果与大学招生总体方针所强调的“结合学生背景”以及“享有的教育机会”对申请学生的素质进行“综合评价”的方法是分不开的。

为了在招生中有效地执行这一总体方针，大学理事会同时制定了更加具体的“综合评价”实施原则。这些原则包括：1）必须全面评价学生的学业成绩和个人成就，以及为大学做出贡献的潜能，而且评价必须是在考虑申请学生曾经拥有的教育机会以及遭遇过的困难的背景之下进行；2）必须利用多元化指标综合评价申请学生的学业成绩和个人成就；3）不能通过任何单项指标录取任何比例的学生；4）组建的一届学生必须展示卓越的学业成绩，以及在智慧、能力、个人经历和背景等方面的多元化；5）各分校由教师组成的招生委员会在保持与大学“综合评价”大政方针一致的情况下，可以足够灵活地根据本校的教育价值和学术发展优势制定相应的具体实施办法；6）招生程序必须保证能够招收大学值得骄傲，而且有足够证据证明在接受大学提供的教育后，能够为加州以及国家在知识、文化、社会、政治等方面的发展做出贡献的学生；

① Board of Regents of the University of California. Regents Policy 2102: Policy on Undergraduate Admissions. http://www.universityofcalifornia.edu/regents/policies/2102.html.［2019年4月17日检索］

② The University of California Office of the President. The University of California Delivers on Its Commitment to Promote Social Mobility. http://www.ucop.edu/institutional-research-academic-planning/_files/social_mobility_2-20-15.pdf.［2019年4月23日检索］

7）招生程序必须科学、公平、合理，确保招收能够完成大学学业的学生；8）必须保证不能拒绝任何未经过“综合评价”的达到课程基本标准的申请学生；9）当区分具有同等竞争力的申请学生时，要给学业成绩和个人成就同等权重，鼓励选择具有特殊才能的申请学生；10）大学应对排名在申请学生所在学校毕业生前9%的学生予以优先考虑[①]；11）在利用标准化入学考试成绩指标评价学生的学业成绩时，必须考虑对学生考试成绩可能产生影响的个人和学习环境等因素，如父母学历、家庭收入、学校提供的先修课程学习机会等；12）评审人员必须接受培训，评审程序还必须包括审核过程和评后分析，以确保评审质量和评审结果的一致性。

综上所述，招生原则是“综合评价”制度的核心组成部分，是指导大学开展招生工作的纲领，而且招生原则的制定必须以大学的办学目标和人才培养任务为依据。

二、评价内容和指标体系

评价内容和指标体系是在招生的总体方针和实施原则指导下确定和开发的，是用来“丈量”学生综合素质广度和深度的“尺子”。由于学生学业成绩和个人成就表现是多方面的，同时也是多维度的，所以这把“尺子”不能是单维度的，而一定也是多维度的。以加州大学为例，其招生方针和原则强调招生评价必须考虑三个方面的要素：1）成长环境和教育机会；2）学业成绩和个人成就；3）发展潜能。

成长环境和教育机会包括学生个人、家庭、就读中学、生活的社区等环境

① 申请加州大学的加州居民学生可以通过两种方式达到招生的合格标准。其中一种方式类似于其他州大学本科招生的“百分比计划”，也就是根据高中成绩排名，在申请学生就读学校前9%的学生只要完成加州大学要求的课程，并参加了大学入学考试（SAT或者ACT），就可达到加州大学的合格标准。加州大学承诺一定录取这些学生，但不保证能按照他们申请的分校或者专业来录取。但加州大学招生原则规定，在“综合评价”时，必须考虑申请学生的排名是否在前9%。详细录取方法参见“如何提高高等教育入学机会的公平性：加州大学本科招生‘地方合格性标准’的启示”（《复旦教育论坛》，2009年第7卷第6期）。另外，前面几章所阐述的“地方合格性标准”中的百分比是4%，加州大学从2012年对这个百分比进行了调整，改为9%，但基本的实施原则和招生办法是一致的。

及其为学生提供的教育机会和资源。其理论依据是，从总体上看，居住在经济发达地区的学生所享受的教育机会和资源要优于居住在经济不发达地区的学生。由于起点的不公平，如果完全不考虑学生的成长环境，拿单维度的一把“尺子”衡量所有学生的素质，本身就是不公平的。所以，为了更加公平地评价学生所取得的个人成就，特别是为了有效地挖掘每一位学生的优势发展潜力和特质，美国的大学在招生“综合评价”中都会考虑上面提到的学生背景，以及不同背景可能对学生特质的形成所产生的影响。

学业成绩的评价内容相对来说比较具体，如高中成绩、大学入学考试成绩、完成高中课程的学科领域和难易程度（如先修课程数量）等，但测量指标和工具的信度和效度常常受到质疑。目前使用的这些指标对大学学业成绩的预测效度还很有限，在我的所有研究中几乎从来没有超过30%。① 而个人成就所涵盖的范围则是无限的，表现在学生生活的方方面面。毫无疑问，如果没有多元化的评价指标，是难以全面公平评价学生的个人成就的。

发展潜能是预测学生未来发展趋势的一系列指标，包括对创新能力的预测、对就读大学和整个社会做出贡献的预测，甚至是对最基本的成为一名合格公民的预测。如何评价学生的潜能是招生评价中最具挑战性的工作。加州大学在“综合评价”中除了利用学业成绩和个人成就等指标外，也利用学生在中学时参加课外活动、社区服务、义务工作等的程度来判断学生的社会活动潜能。当然，加州大学也在不断探索更加有效的评价办法，例如改进“学生个人陈述题目”（Personal Statement）就是目前正在讨论的办法之一。

如前所述，为了有效地开展综合评价工作，实现总体方针所规定的招生目标，加州大学招生和中学关系委员会在颁发招生原则的同时也根据上面阐述的三个考察要素，提出了“综合评价”指标体系（具体内容详见本书第一章相关

① 研究人员通常用回归方程（Regression）或者逻辑回归方程（Logistic Regression）来预测学生进入大学后的学业成绩、保留率、毕业率等。在所有预测指标中，最有效的指标是高中成绩、大学入学考试成绩、课程难度系数等。但这些指标加在一起的预测效度都低于0.30，或者说这些指标只能解释大约30%的大学成绩的变化等。这个结果表明，到目前为止，在利用入学前的指标对学生进入大学后的学业完成情况进行分析时，还有70%的影响因素是无法解释的。这个结果也说明目前在招生中所使用的评价申请学生学业成绩的指标是不全面的。

部分)。

每一项一级指标又包括很多二级指标。例如,学业成绩指标包括的二级指标有高中各门功课的成绩,大学先修课程的数量和成绩,大学入学考试成绩等。表 4-1 展示了申请学生就读中学信息指标(一级指标)及其包含的二级指标。

表 4-1 申请学生就读中学信息指标

二级指标	评价内容
学校基本情况	• 英语初学者(母语不是英语)的百分比 • 接受资助的学生百分比 • 符合免费或者折扣午餐学生的百分比 • 父母均未接受大学教育的学生的百分比 • 就读学生家庭收入状况
学校概览	• 学校地理分类：根据教育局对学校所在城市的分类 • 学校类别：公立学校、私立学校、家庭学校、成人学校等 • 入学学生总数 • 学制:学期制、学年制等 • 学生和教师的比例 • 中学学业考试排名 • 开设的加州大学接受的高中课程(加州大学对所有高中课设的课程进行审核,达到加州大学的认可标准的课程才能包括在中学绩点的课程中) • 学校成绩评分区间:0—100 分、1—4 分等
学生学业完成统计数据	• 高中毕业生人数 • 10 年级学生到毕业时的流失率 • 加州大学要求的中学课程的完成率
入学考试成绩	• 所有参加大学入学考试的高年级学生的 SAT 各科平均成绩及其在州各学校中的排名 • 上一年申请加州大学的毕业生人数以及入学考试平均成绩
大学先修课考试	• 开设先修课程数量 • 高年级学生参加至少一门先修课考试的学生百分比 • 在所有参加先修课考试的学生中,至少获得 3 分的学生百分比 • 入读学校在加州所有学校中根据上面第三项统计数据为依据的排名
申请加州大学各分校的人数	• 当年申请该学校的人数 • 前一年申请该校、被录取和入学的人数

这些信息涵盖学校的地理位置、毕业学生的学业完成情况、开设课程数量

等。这些指标帮助评审人员了解申请学生就读学校给学生提供的教育机会，以便判断学生利用教育机会的能力以及教育资源对学生学业成绩产生的影响。例如，评审人员在评价两名来自不同学校的学生时，可以利用这些信息做出这样的判断：两名来自不同学校的学生 A 和学生 B 在申请表上填写先修课程数目都是 5 门，而且成绩相当，为了区分这两位学生的个人成就，评审人员可以查阅他们所在学校开设先修课程的数量。如果学生 A 就读的中学开设 10 门课程，而学生 B 就读的中学只开设 5 门课程，评审人员会给学生 B 更高的评价。这是因为学生 A 只修习了学校开设的所有先修课程的二分之一，而学生 B 相对能够充分利用学校提供的教育机会，修习了学校开设的所有先修课程。

需要说明的是，"综合评价"所涵盖的内容非常广泛，上面阐述的内容和指标是从政策的角度规范评价标准。在实际操作中，没有任何一所学校列出非常具体的一级指标、二级指标、三级指标让评审人员逐条对照评价，而是要求评审人员通过综合阅读所有申请资料，从信息中挖掘学生的特质和潜能，最后给一个综合分数作为录取依据，具体实施过程在下面几个部分阐释。

三、评分标准

评分标准是指每一项评价指标在"综合评价"中的权重。加州大学的各所分校所实施的评分标准不完全相同。大致可以划分为两种：一种是"权重制"(weighted score)，另一种是"非权重综合评分制"(unweighted holistic score)。顾名思义，"权重制"是根据指标的重要程度计算每一项指标在总分中所占的加权比重。例如，表 4-2 展示了加州大学河滨分校(University of California, Riverside)2011 年批准实施的"综合评价"指标及其权重。[①] 这个评价体系包括五项指标：高中成绩、标准化考试成绩、AP/IB、第一代大学生以及是否为家庭低收入的学生(如果是，表中赋值为"1"；如果不是，表中赋值为

① Committee on Undergraduate Admissions. Report to the Riverside Division: Proposal to Modify the Comprehensive Review for Freshman Admissions for the Fall 2012 Admissions Cycle. Feb. 2011.

"0")。评价指标总分是 5 827 分，其中高中成绩所占权重最高，50.20%；其次是大学入学考试成绩，占 41.19%；完成的大学层面的课程数量指标占 6.73%；第一代大学生和低收入家庭指标各占 0.94%。以高中成绩为例，最大权重值的计算方法是：

高中成绩权重(50.20%)×评价指标总分(5 827)

由此公式计算出高中成绩的最大权重值是 2 925 分。计算单个申请学生高中权重值的方法是：

申请学生的高中成绩/高中成绩的最高值(4.50)×最大权重值

例如，申请学生 A 的高中成绩是 4.3，那么这位学生的权重值是：

4.3(学生成绩)/4.5(最高值)×2 925(最大权重值)=2 795(得分)

用同样的方法，计算出其他指标(如表 4-2 所示)的权重值，然后合计得到该申请学生的总分。

表 4-2 加州大学河滨分校 2011 年批准实施的"综合评价"指标及其权重

指标	权重/%	最高值	最大权重值	学生 A 的成绩和背景	学生 A 的权重值
高中成绩	50.20	4.5	2 925	4.3	2 795
标准化考试成绩	41.19	2 400	2 400	2 200	2 200
AP/IB	6.73	28	392	15	210
第一代大学生	0.94	1	55	0	0
家庭低收入	0.94	1	55	1	55
合计得分			5 827		5 260

从严格意义上来说，上面阐述的这种评分标准虽然没有违背加州大学的"综合评价"方针和原则，但还称不上真实意义的"综合评价"。或者用英语术语表达只是"comprehensive"评价，也就说只是摆脱了"单项指标"的评价方法，但还没有达到综合评价"holistic review"的效果。近年来，在加州大学招生和中学关系委员会的要求之下，越来越多的分校已经在"综合评价"中取消了评价指标的权重，取而代之的是"非权重综合评分制"的评价办法，也就是评审人员综合阅读学生的申请资料，然后给出一个综合分数。这种方法在加州大学被称为"holistic"评价制度。以加州大学伯克利分校 10 多年前的"holistic"评价为例，它的评价打分级别包括 1 分、2 分、2.5 分、3 分、3.5 分、4 分、5 分和 NE("不合格")。[①] 其中 1 分为最好，以此类推，5 分为最差，而"不合格"则指没有达到录取的最低标准。这个打分级别中的每一个分值都代表一个综合评价结果，任何指标以及子指标在这个分值中不占有任何固定的权重。这个结果是做录取决定的重要依据。为了有效地完成招生工作，利用综合评价的学校在每个分值上都会根据录取人数的计划确定分配比例。图 4-1 显示了伯克利分校某一年的评审结果(图 4-1 的横坐标是两位评审人员的平均值，所以出现了评分级别中没有包括的 2.25、2.75、3.25、3.75、4.5 等分值)。获得 1 分和 1.5 分的学生分别占 2.5%，获得 2 分的学生大约占 4.5%，获得 2.25 分的学生占 5%，获得 2.5 分的学生大约占 6%。伯克利分校的录取率大约是 20%，所以综合评价分数排在 2.5 分以后的学生被录取的概率很小。

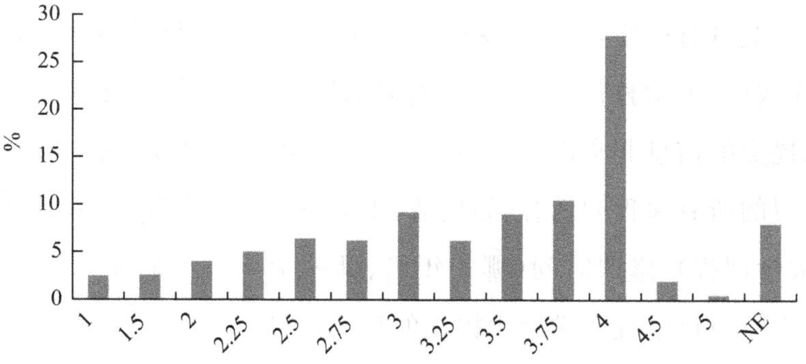

图 4-1　申请学生在"非权重综合评分制"各分值上的分布比例

事实上，加州大学伯克利分校的这种"综合评价"方法不仅反映了加州大学大多数学校的评价方法，也与美国众多顶尖私立大学的评价方法有相似之处。其最大特点是没有固定的指标权重，而是结合学生的背景考察学生的综合素质。

① HOUT M. Berkeley's Comprehensive Review Method for Making Freshman Admissions Decisions: An Assessment. http://academicsenate. berkeley. edu/ sites/default/files/committees /aepe/hout_report_0. pdf. [2019 年 4 月 24 日检索]

四、学生申请系统

完整的申请资料是大学开展“综合评价”的基础。美国许多大学都要求申请学生通过“通用申请”系统(Common App)提交申请材料。“通用申请”的网站显示,2016 年有 600 多所大学接受“通用申请”系统提交的大学申请,每年有 80 多万学生通过这个系统申请大学。[①] 其中在《美国新闻与世界报道》大学排名前 51 名的大学中,有将近 80%的大学注册使用这个系统,包括哈佛大学、普林斯顿大学、斯坦福大学、哥伦比亚大学等顶级大学。加州大学系统的 9 所分校、宾州州立大学、威斯康星大学等公立大学都使用自己开发的系统。无论是商业化的申请系统,还是大学自己开发的系统,其共同特点是要求学生填报的信息既具有广度,也具有深度。“广度”是指信息涵盖范围广,包括学业成绩、个人成就、中学教育背景、家庭背景、社会活动参与情况等领域;“深度”是指要求提交的信息非常详细,如中学学业领域的信息就包括申请学生在中学阶段修习的所有课程的内容(如代数、生命科学等)、课程类别(普通课程、先修课程、大学课程)、修课时间(哪一年级、哪一学期)、成绩等。表 4-3 列举了加州大学本科申请系统要求学生提交的相关信息。

需要强调的是,美国大学对申请系统的选择利用或者开发都非常重视,首先是保证申请系统能够收集到所有用于“综合评价”的信息,其次是保证信息的信度和效度。为此,大学常常聘请专业领域的专家对申请表中的每一个问题进行信度和效度等方面的测试和评价,以免学生对问题产生误解,而提交错误或者不相关的信息。大学在正式启用申请系统之前也会邀请中学生测试,在启用系统后也会通过调查问卷、访谈等形式了解已经提交过申请的学生对系统的评价。调查问题包括学生对申请表中问题的理解程度、收集信息的难易程度等。所有这一切工作都是为了提升申请系统的可靠性,确保准确收集

---

① The Common Application. https://www.commonapp.org.[2019 年 4 月 24 日检索]

申请学生综合信息，为大学开展"综合评价"奠定基础。

表 4-3　加州大学本科申请填报信息

类别	指标
基本信息	• 姓名，出生日期，出生国家、州、城市，国籍 • 第一语言是什么（选择）？是否为现役军人 • 申请学年、学期，新生、转学，第二个学士学位等 • 邮寄地址、永久住址、电子邮件、家庭电话、移动电话、其他电话 • 你是否在加州就读高中三年或者三年以上？是否已经从加州的一所高中毕业？在加州居住多久了？什么时候搬迁至加州？
申请学校和专业	• 可以申请加州大学的 9 所学校，有的学校允许学生申请两个专业，有的学校只允许申请一个专业
家庭	• 父母受教育程度（接受一定程度的小学教育、小学毕业、接受过中学教育、中学毕业、职业学校教育、职业学校毕业、接受过一定程度的大学教育、大学毕业、研究生教育）、职业（选项）、职务、在职年限 • 过去两年你是否得到父母、监护人的经济支持？家庭人口数多少？是否为单亲家庭？过去两年的家庭收入
教育	• 七至八年级修完的课程：科目、修课时间、成绩等 • 高中课程（进入九年级后）名称、类别（AP 等）、成绩，大学课程名称、学分、成绩、类别 • 参加国际活动的经历。从六至八年级开始，是否在国外上学？如果有上学经历，上课使用的语言是什么 • 就读学校所在地（加州、美国、国外）。如果在加州，特殊学校的类别（家庭学校、独立学习等）、学校名称、就读时间、是否是毕业学校？学校的评分制（A、B、C 等）、学期制 • 用不超过 500 个字母的短文，提供你想要我们知道的关于你的学习成绩的情况
入学考试	• SAT、ACT、AP、IB、TOEFL、IELTS 成绩
课外活动与奖励	这部分将包括你参加的活动以及获得的奖励，分为六个类别：1）完成的非加州大学要求的课程，2）大学升学培训项目，3）志愿者和社区服务活动，4）工作经历，5）奖励，6）课外活动 • 大学升学培训项目：帮助你准备大学的教育项目（主要指加州大学以及社会组织提供的 20 多种教育项目、扶贫项目等）的名称、完成时间、简单阐述、每周花费时间、每年花费多少周 • 志愿者和社区服务活动：参加活动的组织部门名称、时间、阐述 • 工作职位、时间、阐述 • 奖项名称、类别（学术、其他）、时间、描述 • 学校课外活动名称（如高年级足球队长、学生会主席、学校学生年鉴编辑、交响乐团首席演奏者、学校话剧团主要研究人员、领导技能培训者）、时间、描述等（不超过 5 项）

（续表）

类别	指标
个人陈述	高中成绩和入学考试成绩难以全面反映你的情况，所以我们请你撰写一份个人陈述。我们希望通过阅读你的个人陈述，了解你的特质、你所关注的事情等。当你撰写个人陈述时，把它视为给评审人员介绍你自己的机会，所以请开放、诚实地写你自己。你提供的个人陈述也帮助我们在特定的背景之下更好地理解你在申请资料中所提供的其他信息。两篇短文不超过 1 000 字，可以在两篇之间任意分配字数。第三篇短文是自愿选择性个人陈述，没有字数限制。短文题目包括： • 描述你成长的环境，例如你的家庭、社区或者学校等，阐述你成长的环境如何塑造了你的梦想和志向 • 阐述你个人的素质、才能、成就、贡献或者对你非常重要的经历。为什么你的素质或者成就使你感到骄傲？它们对你的成长有何影响？ • 如果你愿意，也可以告诉我们你想让我们知道，但又没有机会在其他地方提供的关于你的任何信息

注：在 2017 年，加州大学对个人陈述的要求和题目进行了修改。对新的要求和题目感兴趣的读者，请参看加州大学招生网站。

五、评价过程

评价过程是招生办公室准备评审资料，并组织评审人员利用评价指标和评分标准判断学生的学业成绩、个人成就和发展潜能，提出评审结果的过程，也就是上面提到的“给出综合分数”的过程。美国采纳“综合评价”招生制度的研究型大学的评价过程具有很多相似之处，可以总结为准备评审资料，培训评审人员，打分，评审结果检验和复评，复审以及提交评审结果等六个步骤。

开展“综合评价”的第一项工作是准备评审资料，通常包括两方面的工作：一方面是整理学生的申请资料，另一方面是补充额外信息。整理学生申请资料的过程主要是把学生在申请表中填写的学业成绩、个人成就以及个人信息按照评价指标分类（如课程、获奖情况等），并计算有关量化指标的值（如计算高中课程绩点）。补充额外信息的过程主要是从学校长期维护的数据系统中调取相关支撑“综合评价”的信息。例如，从中学数据系统中调取申请学生就读中学的有关背景信息（指标见表 4-1），从大学招生数据系统中调取往年录取学生的学业信息等。这些信息都可以帮助评审人员结合学生的教育背景和教育机会对学生取得的个人成就做出更加公平的评判。这些工作都是由计算机自动完成,并直接输入到大学招生计算机评审系统,供评审人员从该系统中直接调取评审对象的资料。

在准备评审资料的同时,大学也会开始培训评审人员。评审人员来自招生办公室的专业人员和从外部雇用的评审人员。规模较小的私立大学通常是由招生办公室的工作人员和部分教师共同组成招生评审委员会对所有达到基本录取要求的申请学生的资料进行评审。但规模较大的学校需要聘用临时评审人员。如加州大学伯克利分校每年从外部雇用70多位评审人员,包括高中教师、大学申请顾问、退休的中学校长、行政管理人员、大学教师以及加州大学从事中学教育扶贫项目的管理人员等。另外,为了确保评审人员的连续性,许多大学每年最多更换三分之一的评审人员,也就是说在所有评审人员中首次参加评审工作的人员不能超过三分之一。但所有人员都必须参加一周左右的密集型培训。培训内容包括招生原则、评价指标体系、评价办法和评价标准。当然,培训最重要的组成部分还是利用往年的申请资料进行模拟评审。所有参加评审培训的人员在规定的时间内评阅同一份申请资料,然后计算评审结果的误差,并对结果进行讨论;然后再评阅第二份申请资料,并计算和讨论评审结果的误差。这样反复进行模拟评审,直到从统计学的角度来说,评审误差在可以接受的程度以内(根据评审人数等因素计算的误差)。

在很多大学,每一位符合基本要求的申请学生的资料都要经过两位评审人员的审核。这两位评审人员中,至少有一位是资深评审人员。申请学生的资料是由计算机根据有关条件随机分配给两位评审人员。评审人员只能在登录评价系统后,方能看到申请学生的资料,但评审人员是看不到任何可以识别学生的个人信息,如姓名、出生日期等。在禁止使用《平权法案》的州,如加州,评价系统也不会展示与性别、族裔有关的信息。另外,评价系统也会详细记录评审人员评价每一位申请学生时所花费的时间。评审人员全面阅读申请资料后根据申请学生的综合素质和评分标准打一个综合分数(a holistic score)。

检验评审结果的过程主要是计算两位评审人员评审同一位申请学生的综合分数。计算方法是:如果两位评审人员的评分相等或者差距小于两个等级,那么这位申请学生的得分是两位评审人员分数的平均值；如果两位评审人员对同一位申请学生的评价分数相差两个或者两个以上的评分等级，就要进行复评。也就是评审委员会将分派第三位资深评审人员再评审一次，并用其分数替换差距较大的一位评审人员的评审分数，然后计算平均分数。出现第二种情况的概率在2%左右。

在评价过程中，由于申请学生达到了基本要求，或者在某一方面表现突出，但其申请材料不够完整或者不够准确，或者评审人员需要对有关特殊情况进行进一步了解，评审人员也会提出复评或者补充资料的要求，经招生机构批准，学校会通过邮件要求学生补充证明材料。学校收到补充材料后，将根据上面阐述的评审过程重新评审。

评审过程的最后一个步骤是提交评审结果。评审人员没有权力做录取决定，只是将评审结果提交招生机构。由于评审都是通过计算机进行，所以提交结果的程序非常简单，评阅一份申请后，即可提交结果，系统会自动存储评审人员的打分。很多招生规模小且竞争性强的大学，为了组建最佳的一届学生，招生机构会要求评审人员详细阐述他们对被评价学生的素质解读，为招生机构做决定提供更加详细的依据。

六、录取决定

评审人员的综合评分结果是招生机构做录取决定的主要依据，招生机构会据此对每位申请学生做出初步录取或者拒绝的决定。但为了确保初步决定的准确性，大学招生机构进行一系列的结果审核。这个程序通常称为“质量控制”。例如，加州大学伯克利分校的“质量控制”程序之一是比较来自同一所学校的被初步录取和拒绝的申请学生，特别是复核被拒绝的具有较高入学考试成绩或者高中成绩绩点的学生，以免做出错误的决定。[①]

另外，教师的参与在加州大学9所分校的招生录取决定中发挥着重要作

① Board of Admissions and Relations with Schools. Comprehensive Review in Freshman Admissions at the University of California: 2003—2009. May, 2010.

用。例如，伯克利分校的第二个"质量控制"措施是请具有资深招生经验的教师重新审核100名在合格性指标上得分（包括大学入学成绩和高中成绩绩点）较低的，而招生委员会根据综合评价结果初步决定录取的学生。如果评审教师同意初步录取决定，这名学生则被最终录取；如果教师在审核材料后，持有异议，招生委员会主席、招生办公室主任还要再次审核，并根据审核结果做出决定。在加州大学圣迭戈分校，教师组成的招生委员会会随机抽取申请资料进行评审，来评判评审人员对申请资料的评价是否遵循"综合评价"制度的评价规定，同时检查录取决定的合理性。

另外，美国大学都有严格的招生上诉程序。大学在公布录取结果的同时，也会公布上诉程序。例如，被加州大学拒绝的申请学生在收到被拒通知函的同时，也会收到上诉程序的完整信息。在洛杉矶分校，被拒绝学生自收到被拒通知函后有15天的上诉期限。学生可以通过网络提交上诉函。学校同时要求学生提交没有包括在原始申请资料中的学业成绩和相关的个人信息。学校收到上诉函后，将指派两名资深招生官员阅读有关补充资料。如果他们的决定仍然是拒绝，将不再继续审核。如果他们建议推翻之前的决定，上诉材料将转交招生办两位副主任。如果两位副主任都同意录取，这位学生将被录取；如果一位同意，另一位反对，材料将转交招生办公室主任定夺。

七、招生政策和结果的评价

招生政策和招生结果的评价是"综合评价"制度非常重要的组成部分，尤其是在完善和改革"综合评价"制度中发挥关键性作用。这项工作是通过对招生结果的分析，考察招生政策是否合理、招生实施工作是否按照招生原则进行、招生结果是否达到了招生目的等。美国大学的招生评价结果都非常透明，相关报告都会在大学网站公布。例如，加州大学对招生结果的评价就非常综合、全面。招生和中学关系委员会每年必须向大学董事会提交一份招生综合研究和评价报告，通过对招生结果的分析和评价汇报招生制度的实施情况。[①]院校研究办公室负责这份报告的所有数据分析，包括长效性的发展动态以及申请、录取和入学的比较，也包括对学生进入大学后的学业成绩的分析。表4-4展示了2015年秋季9所分校录取不同成绩申请学生的录取率。显然，申请学生的成绩越高，被录取的概率也越大。但单从高中平均绩点来看，在所有不同的成绩分布区间，任何学校都没有100%地录取所有学生。平均绩点低的学生，也有被录取的希望。解释这种结果的唯一原因就是除了特招的学生外，加州大学在招生中采纳"综合评价"方法对学生的学业成绩、个人成就以及未来发展潜力进行全面考察。有的学生高中平均绩点不好，但其他方面的表现非常出色，有足够的证据可以证明他们能够完成加州大学的本科教育，也能证明他们有一定的潜力为大学完成教育任务以及为未来社会发展做出贡献。

表4-4　2015年秋季不同高中成绩申请学生的录取率　　单位：%

加州大学分校	高中平均绩点			
	3.00～3.39	3.40～3.79	3.80～4.19	4.20+
伯克利(Berkeley)	1	2	12	46
戴维斯(Davis)	3	11	52	89
尔湾(Irvine)	4	16	57	97
洛杉矶(Los Angeles)	1	3	14	53
莫赛德(Merced)	42	80	92	98
河滨(Riverside)	25	64	90	99
圣迭戈(San Diego)	1	6	39	88
圣塔芭芭拉(Santa Barbara)	2	13	49	88
圣塔科鲁兹(Santa Cruz)	10	47	83	95

又如，2012年加州大学对招生制度进行了重大改革，主要表现在三个方面：第一是取消了SAT专业课考试成绩(如历史、生物等课程)的要求；第二是将招生的"地方合格性标准"(Eligibility in Local Context)的百分比从4%提升到9%；第三项改革是实施"必须审核"办法(Entitled to Review)，也就是说

① Board of Admissions and Relations with Schools. Annual Report on Undergraduate Admissions Requirements and Comprehensive Review. http://senate.universityofcalifornia.edu/reports/documents/BOARS2016ReporttoRegents.pdf.［2019年4月24日检索］

只要申请学生达到了最低录取标准，即完成加州大学要求的高中学科领域的课程，那么加州大学就要求所有的分校对这些学生进行综合评价，并依据评价结果做出录取决定。这些改革实施以来，院校研究办公室一直在追踪研究在新招生政策下招收的学生与 2012 年之前入学的学生在学业表现上有何不同，包括毕业率、平均绩点以及社会活动的参与程度等。如表 4-5 所示，从 2012 年开始，新入学学生第一学期的成绩高于前两年的学生，而第一学期的留校察看比例低于前几年入学的学生。数据也显示，在新政策下招收的学生在第一年的学业进展也略有提高。这些评价结果是完善招生政策和监测招生实践工作的有效依据。

需要再次强调的是，在“大数据”时代，招生政策的制定一定要有实证性研究结果的支撑。笔者负责招生数据的分析与研究十多年，深感这项工作的重要性，也深深体会到了美国大学在招生改革以及实践过程中对实证性研究结果的重视程度。当然，要实现这一目标，中国的大学既需要从招生理念上进行反思，也要在提升招生能力上下功夫。

表 4-5　2010—2014 年入学学生在第一学期和第一学年的学业进展情况

学生入学学年	第一学期平均绩点	第一学期留校察看学生比例/%	第一学期保留率	第一学年平均绩点	第一学年留校察看比例/%	第一学年保留率/%
2010	2.99	8.8	98.7	3.00	5.5	93.4
2011	3.00	9.0	98.6	3.00	5.6	93.1
2012	3.01	8.6	98.7	3.00	5.6	93.1
2013	3.03	8.4	98.7	3.01	5.2	93.2
2014	3.06	7.5	98.7			

注：如果学生的平均绩点低于 2.00，将被列为留校察看(probation)学生，要求在下一学期将平均绩点提升到 2.00 或者之上，否则将被学校开除。

八、小结

对申请学生进行综合评价是大学实现本科招生卓越与公平的必经之路，

也是确保大学完成办学任务和提升教育质量的第一步。但为了有效地实施这一工作,大学必须明确界定“综合评价”制度和实践过程所涵盖的招生原则、评价内容和指标体系、评分标准、学生申请系统、评价过程、录取决定以及招生政策和结果的评估等七个组成部分,并结合其办学理念和发展方向从这七个方面制定可行的“综合评价”制度。需要进一步说明的是,“综合评价”制度具有共性和个性的双重特征。“共性”是强调大学需采纳多元化的评价指标和方法对申请学生的综合素质进行判断;“个性”是指每所大学的办学任务和方向不同,因此在评价指标的确定及其评分侧重点上也不尽相同, 所以“综合评价”制度的制定一定要以大学的办学任务和特色为依据,否则很难制定符合自己教育模式的招生办法,也就难以招收到与自己培养模式“匹配”的学生。最后需要说明的是,加州大学虽然制定了统一的“综合评价”制度,但 9 所分校有足够的灵活性根据自己的办学特色和招收目标制定自己的评价方法,进而招收符合自己教育特色的学生,这也是为什么加州大学的“综合评价”制度在所有 9 所分校都能成功的重要原因。

第五章 “综合评价”是实现大学招生卓越与公平的必经之路①

一、制定招生政策需要首先明确招生目的和办学任务

万圆（以下简称“万”）：您多次提到加州大学本科招生的理念是通过公平、多元化的方法招收最卓越的学生，即卓越与公平是加州大学招生的双重追求。那么，加州大学如何挑选卓越的学生？您也提到卓越学生的界定包括学业表现、个人成就以及为大学和社会发展做出贡献三方面，具体如何理解？

常桐善（以下简称“常”）：在界定这三个方面之前，有两个非常重要的问题需要弄清楚。第一个问题是为什么要办大学。是不是一定就是为了培养获得诺贝尔奖的人才？在高等教育大众化和普及化时期，大学的重任是提高民族素质。第二个问题是大学招生的目的是什么。这是一个非常关键的问题。弄清楚这两个问题后，对招生政策的制定和对卓越学生的界定就都比较顺理成章。加州大学作为公立大学，重任是提升加州居民的素质，并通过研究创新、提供社会服务推动加州和世界的经济发展。正如加州大学前任校长珍妮特·纳波利塔诺(Janet Napolitano)所说的，“教学为加州，研究为世界”。加州大学的招生目的就是要组建一届学生，在保证他们能够完成学业的前提之下，尽量使这一届学生的背景、技能等方面多元化，以便确保大学完成上面阐述的办

① 本章内容原发表于《同济教育》2016年第2期。本文记录了厦门大学博士生万圆对作者的访谈内容。此处有删改。

学任务。因此,招生政策都是围绕其招生目的和大学办学任务来制定的。恰恰这两个方面是国内高校招生设计所欠缺的。就目前的情况来说,国内大学招生观念或方法的改革,缺乏一个比较稳定、可信和可靠的理念来指导,这与招生政策制定者缺乏对招生目的的认识和了解有很大的关系。国内不管是政府部门也好,大学也好,在制定政策的时候,往往将大学的办学理念和办学方向与招生是脱钩的,对招收什么样的学生才能完成大学所承诺的办学任务,考虑得不够周全。

了解加州大学招生政策制定的背景后,我们再来对卓越进行界定。在学业表现方面,最简单也是最直接的评价指标是学生的高中 GPA 或 SAT/ACT 成绩。当然,不是说这两项指标最能体现学业表现,而是到目前为止,它们是能够用以测量学业成绩的重要指标。有的研究发现,高中 GPA 对大学学业完成有更强的预测效度,有的研究显示 SAT 更强。不管目前的研究结果如何,高中 GPA 一定在更多层面反映学生的学业能力,因为美国高中 GPA 的内涵相对比较丰富,包括课程参与、考试成绩、团队项目合作等,确实反映了学生不同方面的能力。虽然 GPA 只是一个绩点,但这个绩点的含量非常多元和全面。美国很多大学招生时,计算 GPA 是从九年级的课程开始,一直到十一年级,有的大学也包括十二年级第一学期的成绩,显然 GPA 的计算包含了学生长时间学习所取得的成果。如果学生想在一年拿到好成绩,那努力一年就可以了,但如果三年一直坚持拿到好成绩,最后的平均绩点达到 4.0 也是非常不容易的。这样的成绩不仅可以反映学生学业、课堂学习等多方面的知识和技能,也在一定程度上反映了学生所具有的持之以恒的精神和毅力。这些素质对学生完成大学学业以及未来从事任何职业都是非常重要的。标准化考试成绩,如 SAT 成绩在一定程度上还反映了学生的思辨能力,并不完全是高中知识。

除了高中 GPA 和考试成绩这两个最重要的指标外,我们还从横向和纵向两个角度评价学生高中学业表现的宽度和深度。横向评价指考查学生所在高中开设的课程数量和种类。加州大学招生要求加州的高中开设 A—G 课程,不同的课程门类反映了不同学科领域的要求,其目的是考查学生的知识面。从纵向的角度来说，加州大学既考查加州高中开设的普通课程，比如 A—G，也同时考虑学生修读 AP、IB 课程的情况。如果 AP 课程学得多，说明学生掌握的知识更具有深度，同时在一定程度上也反映了学生的自我挑战能力。当然 AP 课程不是修得越多越好，还是要看课程成绩。总的来说，学业表现方面的评价指标包括学生的高中 GPA、考试成绩，还有修读课程的广度和深度。目前，国内北京大学、清华大学等也开发了 AP 课程，很多高中也在开设从国外引进的 AP 或 IB 课程，这是一个好的方向。因为人的能力，至少从心理学或教育学的已有研究来看，还没有发现什么是高空或顶点，一个人的学习和工作能力是没有顶峰的，比如说识字或者记英语单词，不是认识多少个字或单词就达到顶峰了。所以，如果学校提供很多的机会，对精力旺盛的学生来说，也会不断挑战自我，从而开发自我认知能力，提升自己的知识和技能。

考查学生在将来是否能够为大学和社会发展做出贡献是大学招生很重要的一项内容。学生学业表现好，如果将来有发明创新，对社会、对全人类的生存和发展都很重要，但这只是其中的一方面。另一方面，我们不是每个人都有条件去创新。对这部分人来说，如何评价他们可能对社会做出的贡献？事实上，是否能够为社会提供力所能及的服务就是一项很重要的评价指标。这个指标对每个人都适用。这也和大学办学的三大任务——教育教学、科学研究和为社会服务是相契合的。社会服务不仅在美国招生的过程中得到重视，也是大学教育中一项非常重要的内容。例如加州大学本科生就读经验调查项目（以下简称“UCUES”）就考查了学生对社会服务活动的参与情况。国内的大学对科研比较重视，近几年也开始强调教学，但对社会服务的重视程度微乎其微，所以大学在招生中一直无法纳入对学生将来服务社会的潜能的考察。国内一提到实施综合评价，有些人就认为会导致不公。

美国大学的申请都要填写一系列的服务活动，所以大学会了解申请者读高中时参与的具体社会活动经历。举一个例子，加州某高中有一位学生因为三年内做了一千多个小时的志愿者工作而被美国最好的大学录取了，但他的成绩并不是这所学校最好的，甚至排不到前 10 名，这所大学在近几年内从这所中学只招收了这一名学生。也有很多学生成绩很好，但因为不参与任何的活动和服务，而被申报学校拒录。这种例子在美国的招生中非常多见。但这种情况在中国大学招生中恐怕很难看到。根据我的研究，学生如果在高中或者更小的时候参与社会活动，就一定会把积累起来的这一习惯或者说参与意识，带到大学和将来一生的工作和学习中去。如果在中学什么社会活动都不参与，学生拿什么来证明自己上大学后或者将来毕业后能够为社会提供服务？

个人成就包括的内容非常广泛，不仅仅局限于课程方面的比赛、获得学习奖项，体育比赛、社会活动等方面取得的成绩都包含在内。刚才提到的志愿者所从事的服务活动也属于个人成就，帮助家庭事务亦是如此。比如加州大学一所"旗舰"学校前几年录取的一名学生，因为家庭条件不好，除了上学以外他每天还要帮忙做家务，并在外面工作补贴家用，负责了几年的家庭支出费用，这些都是他的个人成就，在招生评价中都会得到加分。

万：明白了，首先要有明确的招生目的和办学任务，再据此来选择招生路径。

常：对，必须要明白大学的办学任务。我们办大学的任务是什么？特别是在高等教育大众化、普及化时期，我们大学的办学任务究竟是什么？如果大学只是为了让学生完成几门课程，那好了，招收高考成绩最好的学生，可能效果会更好。但我们培养的学生是要在未来社会中发挥作用。人人皆知，我们的社会是多元化的，我们对人才的需求也是多元化的。当然，大学特别是研究型大学，培养科学研究人才也是非常重要的任务之一，招生的时候也要考查申请者的研究能力，这与个人学业和成就都有很大的关系。但我们的评价一定是要采纳多元化的评价指标，要综合评审我刚才提到的三个方面的能力和素质。加州大学招收的学生，不管高中 GPA 或入学考试成绩多高，录取率也不是百分之百，比如 SAT 成绩达到 2 200 分也不一定被录取；考 1 800 分的学生也可能被录取，表明这位学生可能在社会服务方面，或者其他方面也有很突出的表现。浏览加州大学每年公布的新生录取档案(Freshman Profile)，就可以看到加州大学的招生一定是考虑了很多因素，否则被录取的学生 SAT 考试成绩不可能分布在 1 400—2 400 分的区间(总分为 2 400 分)。

万：所以这也体现了招生的重要性，为了达成大学的培养目标，是吗？

常：招生的目的就是为了组建一届学生来完成大学的办学任务。因为大学的办学任务一定不是由老师单独完成，必须要有学生。大学之所以存在是因为教育教学的目的，如果不教学生，那就办研究所好了。但是，教学也不单纯是把课程的知识教给学生，而是培养学生成为高校想要培养的人才。如果每个学生都花 24 小时读书，那大学是完成不了科学研究和服务社会的任务的，所以大学必须组建不同特色、不同背景、不同技能的学生，形成学生背景、知识、技能等方面多元化的学生团体，来共同实现大学的办学任务。招收不同的学生，比如学数学的、学物理的、学中文的、弹琴的、唱歌的、做社会服务的，既能够互相学习，又能够在成长经历、志趣志向方面互补。也只有这样，学生才能够发挥各自的特长，这样大学才能够最大限度地完成教育、科研和社会服务的办学任务。

万：我感觉美国大学在招生时特别强调学生能够为校园和社会做出贡献的能力，这与美国整体的社会氛围有关吗？

常：美国大学对领导能力和社会贡献潜力的重视，还是与刚才说的大学的办学任务——为社会服务有关。美国的高校，特别是研究型大学，尤其是类似于加州大学的公立研究型大学，为社会提供服务是非常重要的办学任务，不论是领导还是教师，都特别强调利用自身的知识和技能服务于社会。那么，如何才算完成社会服务任务？加州大学的问责报告（Accountability Report）有一章专门阐述加州大学在社会服务方面所取得的成就。这一章的统计数据显示加州大学在加州开设的各种服务点（Service Sites）有成千上万个，服务范围涵盖你能想到的每一个领域，如健康、环保、绿化、教师培训、扶贫等。举个简单的例子，加州大学虽不承担加州中小学教师的培训任务，这项任务主要由加州州立大学承担，但作为一个研究型大学，加州大学希望把研究的理念延伸到加州的各个领域，所以在加州开设了上千个包括教师培训、学生服务在内的服务点。这些服务点一方面由加州大学提供经费支持，另一方面靠加州大学毕业的校友来做，这是加州大学完成其办学理念的重要途径之一。如果我们招收的学生没有服务社会的精神，那么毕业以后参与这些项目的概率可能也不高。这就是加州大学为什么在招生的时候将学生的社会服务意识和经历纳入综合评价中的重要原因。招收的学生进入大学以后能够积极地参与到各项活动当中,毕业以后也才可能把这种意识带到将来的工作和社会服务中去。这就是加州大学的办学理念以及完成办学任务对其招生政策制定的影响。

万:那有追踪领导者的培养情况吗?我感觉美国好的大学都非常强调培养领导者。另外,您提到过加州大学在制定关于实践和社会活动能力评价的标准的可能性,现在进展怎么样?

常:招生材料中有一部分是要求申请者填写参加活动以及在活动中担任的角色和职位。这是我们评价领导能力非常重要的一个方面。因为在招生过程中怎么测量领导能力是非常难做的,在现实生活中也很难判断,没有一个非常好的测量工具,所以我们主要看申请者在上中学时是否担任了学生组织或者相关活动的领导职务。我觉得这个测量指标还是比较可靠的。如果学生有领导欲望,在学校参加活动时就会有好的表现,也会主动寻找机会去担任一些职位。相同的,如果确实有领导能力,那么就可以脱颖而出担任领导职位。我的研究表明,如果学生在读中学的时候担任了一些学生组织的职务,进入大学以后也会继续担任一定的职务。这从我们自己的经历也可以得到证明,我们也都知道,如果学生在小学、中学一直担任班干部,大学也很可能会一直担任班干部,这对培养领导能力的潜质是很有好处的。当然,我不是说这是唯一的途径。

关于评价社会活动能力的标准,我们还在探讨,希望能够进一步了解学生参与的活动。另外,我们也在改进个人陈述(Personal Statement)的设计。学生个人陈述反映了学生多方面的能力,特别是学生的思想和对社会、对人生的认识,加州大学也希望很快会有一个新的改革。[①] 当然,需要强调的是,中介公司给你"杜撰"的个人陈述是写别人的事情,与你无关,所以在评价中不会发挥太大的作用。

① 加州大学已经于2017年开始使用新的个人陈述问题。

二、高中成绩和考试成绩综合使用更有助于实现卓越和公平

万：在大学的三大办学任务里面，学生的学业成功应该首先得到保证，对吗？基于招生时需要预测学生入学后的学业表现，刚才您也谈到高中GPA和考试成绩是可以测量的指标，这两个指标的预测效果也比较理想，所以成为美国大学招生倚重的指标？

常：保证学生入学后能够完成学业，是最低的要求，在此之外再看多元化的技能，等等。比如加州大学伯克利分校的教育水准比较高，招的学生SAT和高中GPA就更高。美国大学在招生指标预测效度的研究方面做得非常多，我在这方面也花了大量的时间。我的研究发现SAT成绩本身的预测度在15%左右。我还没有看到任何一项研究显示SAT成绩对大学成绩的单独预测度超过20%。但SAT和高中GPA加起来预测学生的成功率也不到30%。这就说明有很多其他因素在影响着学生的成长，这也是为什么加州大学在招生的时候仍然要看其他因素的另外一个原因。这又回到了为什么要综合评价学生的素质问题上了。比如前面提到的参与社会活动，我们不仅考查学生参加活动的类别和频次，我们更重视学生参加每一项活动的时间、扮演的角色、取得的成果等。

万：您在研究中也提到中国大学的招生应该纳入高中成绩，高中成绩是指班级排名还是其他内容？

常：高中成绩纳入到招生评价中，需要社会诚信度的整体提升。目前国内的高中成绩可信度小，因为高中教师的教学评价和大学入学是直接挂钩的，如果高中成绩纳入大学招生，毫无疑问会引起高中成绩“膨胀”现象。在美国，二者是分开的，所以高中成绩还是非常可靠的一项评价指标。参考高中成绩可以作为一个发展方向来考虑，但需要在提升评价方法和提升诚信度的情况下逐步实施。另外国内招生纳入学业水平考试，相对来说还是比较公平、可靠的。

万：据美国公益组织“公平考试”(Fair Test)统计，目前有超过800多所的

美国高校，包括一些大规模的公立高校，因为批判SAT带来的负面效应，比如与学生的社会经济地位有关联、备考产业兴盛等，而在招生中实施选择性提高标准化考试成绩(Test-Optional)的政策。您怎么看待这个现象？

常：短期内，绝大多数大学，特别是很多名牌大学不会取消对考试成绩的要求[①]，因为总要找到一个方式来衡量学生的学习成绩。而且SAT/ACT也在不断改革考试方法，考试结果更能测量学生的真实成绩。另外，现在学生求学的欲望比任何时候都强。比如说，现在每年申请加州大学的学生是20多万，但每年能够入学的只有六七万。申请的学生越多，越需要一种标准化的方法来测量学生的成绩。尽管SAT和ACT受到了很多批评，但到目前为止，考试成绩还是一个和高中成绩同等重要的评价指标，因为它的优势是高中成绩所不能取代的。

考试成绩的优势在于不管学生来自哪个学校、来自什么背景，考试问题、考试环境都是一样的，所以考试成绩可以调节不同学校高中成绩的不平衡，或者说高中成绩不可信的那一部分。什么叫不可信？就是说两个学校不一样，评价标准和开设课程的难度就不一样，那么两个学生在不同学校拿到的A，可能并不能反映同样的能力。如果结合SAT或ACT进行评价，那么在一定程度上可以对高中成绩的不平衡做一些调整，提升评价学生知识的效度，因此考试成绩在这一方面具有不可替代的优势。我不知道现在有多少所大学不用SAT和ACT，至少我估计排在前100名的大学，像加州大学、斯坦福大学这些名牌高校，还不太可能实施可免考试入学。加州大学招生委员会也曾讨论过类似的问题，但在没有找到更加合适的评价方法之前，还是需要标准化考试成绩的。

万：美国实施选择性提交标准化考试成绩的高校，比如我所在的维克森林大学(Wake Forest University)，主要宣称高中成绩即可解释学生大学学业表现的差异，而且对不同高中的背景掌握得很详细，所以也了解不同高中成绩的差异。

---

① 芝加哥大学在2018年取消了对标准化考试成绩的要求。

常:但是有这么一个问题,因为维克森林大学的申请者数量相对要少,招生办公室可以花更多的精力来更加综合地评审申请材料。加州大学的申请者非常多,对学生的挑选又很严格,在这种情况下,大学必须找到一个可测量的指标对学生进行评价。我们招生中使用的浮动指标(Sliding Index)是用逻辑回归来做的,当学生高中 GPA 非常高的时候,我们要求的 SAT 成绩是非常低的;相反 SAT 成绩非常高时,我们要求的高中 GPA 是非常低的。一般情况下,这两个成绩相关性非常高,学生的高中 GPA 越高,SAT 成绩就越高,二者的相关性在 0.8 左右,但也有一些学生可能 SAT 成绩高、高中 GPA 非常低,或者高中 GPA 高、SAT 成绩非常低。有很多原因可能造成这种情况,比如有的学生参加考试的时候紧张,或者生病,或者出于一些家庭原因,导致考试成绩可能比较低,但实际上学生的能力又相对较高。如果只用高中 GPA 来衡量的话,这些学生就会受到影响。

另外,比如说转学的学生,可能因为适应学校环境、之前修习的课程不同等原因,导致高中成绩可能比较低,但他的 SAT 成绩又比较高,在这种情况下,SAT 成绩可能能够更好地反映学生的真实水平。举个例子,在国际生招生中,美国学生修读 AP 课程拿到 A,成绩可以计为 5 分,一位从中国转到加州某所高中的学生,因为在中国没有学习 AP 课程,到美国以后高中成绩就比较低,但是他 SAT 成绩考得很高,SAT 成绩就更能反映他的真实水平。所以,结合使用高中成绩和标准化考试成绩就能更加合理地评价学生的真实成绩。

从我个人的角度来说,我坚决反对招生只看某一个方面的表现,虽然可能对 80%的学生来说,看一个指标和看两个指标是一样的,但 20%的学生可能受到影响。这就是我在国内经常说的,为什么高考成绩作为唯一的评价指标,对 80%、90%的学生可能都不会有什么影响,但就是 10%、不超过 20%的学生,可能因为高考成绩等原因受到影响,利用综合评价就更为公平,受影响的学生可能会比较少。作为大学也好,作为管理机构也好,我们制定的招生政策要努力减少由于政策不公而受到影响的学生数,能减到 0 最好。怎么做到越小越好,就要实施综合评价,尽量考虑到学生的不同特长、不同技能对社会发展都会有贡献。无数学者的研究结果都已证明人的智慧是可以通过不同的形式表现出来，著名心理学家霍华德·加德纳（Howard Gardner）就是其中之一，他的多元智能理论就表明有的人有语言优势，有的人有数学优势，有的人有艺术特长，等等。考虑到这些原因，大学招生怎样才能够对每个学生都公平，难度很大。美国到目前为止，没有任何大学能够完全做到这一点。但是评价越综合，我们离最公平的距离也就越小。

万：您刚才说的都很有道理，同时我也发现批判使用考试成绩的美国学者，提出来的最大理由为考试成绩带来的负面效应大于其价值，比如与学生的社会经济地位高度相关、备考产业兴盛，等等。也就是说，如果过分依赖考试，它本身也伤害了招生公平。另外，他们除了熟知高中的背景以外，也通过AP、IB、推荐信等各种途径，来判断学生的学业表现。最近哈佛大学学者推出的“扭转潮流”（Turning the Tide）报告，也提出大学招生要考虑把考试成绩列为可免要求。我一直特别疑惑在美国这种跟中国招生体制不太一样的情况下，考试成绩的价值到底在哪里。除了您说的可测量和标准化有助于筛选学生之外，还有弥补一小部分人被错失的命运，对吗？

常：对。考试成绩还有另外一个价值，就是有利于对国际学生进行更加合理的评价。现在大学招生走向国际化，如果不看 SAT，对比中国、日本还有韩国学生的高中成绩基本没有意义。这并不是说这些国家课程教得不好，而是因为体制不一样，没有可比性。在这种情况下，SAT 成绩就可以用来对来自不同国家的学生进行比较。我五六年前做过一个研究，结果显示美国学生的高中成绩对大学学业完成的预测度高于 SAT 成绩，但国际学生高中成绩的预测度很小，不到 SAT 预测度的一半。所以，标准化考试成绩是招收国际学生非常重要的一项评价指标。除了一些小规模的学校通过其他方面也可以比较国际学生，对规模很大的公立大学而言，像加州大学洛杉矶分校每年收到十多万份申请，没有这项指标的话是很难想象如何评价学生的学业成绩。举个简单的例子，比如说加州大学评审一份申请材料的时间大概是 15 分钟到 20 分钟，斯坦福大学可能更长，那么想象一下，十多万份材料需要多少精力去评审，所以还是需要一些相对来说可以测量的指标，来筛选达到最低学业标准的学生，然后进行综合评价。当然，需要再次强调的是，这个指标也不仅仅是标准化考试成绩，而是包括我前面谈到的中学成绩、标准化考试成绩，等等。

万：美国学界也质疑很多高校，特别是私立大学，采取可免考试入学是为了提高大学排名，因为《美国新闻与世界报道》的大学排名纳入了 SAT 考试成绩作为衡量大学声望的指标之一，那么加州大学坚持使用考试成绩和大学排名有没有关系？与加州大学和美国大学委员会之间的合作也没有关系，对吗？

常：对，这个没有任何关系。顺便提一下，《美国新闻与世界报道》的排名好像在中国国内的影响比在美国更大。虽然我们也会看排名，在问责报告里面也有相关结果，但排名本身对加州大学的办学没有任何影响，加州大学也不会为了排名而违背其教育、科研和社会服务的教育价值理念。所以这种质疑也许只是针对质量一般的学校而言的，像哈佛大学、耶鲁大学、斯坦福大学这样的私立大学绝对没有必要利用这个手段去争取任何排名位次。美国大学委员会每年也和我们开会，但加州大学决定用还是不用 SAT 成绩，完全是由 12 位教师组成的招生与中学关系委员会决定的。当然，加州大学也有学者反对使用考试成绩，招生与中学关系委员会会议对此也有讨论，但短期内我们不可能停止使用考试成绩。顺便提一下，像美国大学委员会、ACT 等考试机构的运作模式不完全与其他行业的运作模式相同，查阅它们开展的各项活动，它们与大学、社会团体、政府之间进行的交流，你就会发现，它们的宗旨是提高教育质量，为评价中学生的学习成果提供一个“标杆参照”标准。在这一点上它与我们国内的“高考”相比，有本质的区别。我也期待，我们国家的考试中心能够在未来的考试发展中更多地融入“评”的因素，而弱化“考”的因素。

万：加州大学荣退校长阿特金森在 2001 年的时候提出过加州大学应该废除使用 SAT 成绩，但最后并没有实施。这是什么原因？

常：对，他在 2001 年提出来要求招生与中学关系委员会商量取消 SAT 成绩，当时是由于美国大学委员会的 SAT 考试在评价中学生学业能力的信度和效度上已受到质疑。后来，加州大学也讨论了很多次。虽然都没有达成取消的一致意见，但这次“风波”引起了 2005 年 SAT 和 ACT 考试的重大改革。随后，SAT 和 ACT 考试效度都有所提升。加州大学未来可能会在综合评价上花更多的功夫，也会考虑更多的评价因素，同时对现有的一些指标也会进行检讨。SAT 成绩和高中成绩在评价中的权重可能会有所降低。因为综合考查的指标越来越多，单项指标的权重降低也是必然的结果。另外一方面，现在申请的学生越来越多，而且总体来说好的学生也越来越多，平均 SAT 和高中成绩会更高，所以降低权重，并不意味着要降低成绩要求。这是两个不同的概念。

万：在中国，高校招生更不太可能实施可免考试入学，对吗？

常：那更不可能了，中国的考生更多，而且目前除了高考还没有任何其他方式和指标可以用来评价学生的学业成绩。美国至少还有高中成绩。中国已经颁布了相关综合评价的政策，因此综合评价是发展方向，这一点不应该受到质疑。但遗憾的是到目前为止，我还没有看到国内任何一所大学可以通过"综合评价"的方式来评价学生。首先，国内高校招生权力有限，如果学校不能直接介入，或者大幅度介入招生评价工作，开展综合评价是有难度的。其次，对于综合评价的具体内容没有明确的界定，国家出台的政策也好，学校的自主招生评价方案也好，都没有明确的界定。最后，怎么样实施，国内各省份、各高校和高中都在想办法，但还没有一个明确的方向。在当前的社会运转体系中，如何使用综合评价来公平评判学生的综合素质，尤其需要认真考虑。社会上一些公司也在开发综合评价平台，把学生所有的素质都通过数据反映出来，实际上这是一个不好的趋势。综合评价需要许多评审人员的个人判断来完成。美国名牌大学在招生评价中对 SAT 成绩、高中成绩、课外活动等各项指标并没有具体的权重，而是综合地审查学生的情况，给一个总分。这种方法在中国是否可行还需要探讨。另外，国内自主招生的比例很小，大学自主权也不够，开展综合评价的权力和意义都会受到争议。北京大学的中学校长实名推荐制，以及中国人民大学的圆梦计划，意图都很好，如果做好了能发挥很大的作用，但政策和实践往往有一些距离。我曾撰文分析中国人民大学的圆梦计划，出发点挺好，但最后可能并未圆确实需要圆梦的学生的梦，招来的学生还是来自非常好的学校，属于"锦上添花"，而非"雪中送炭"。

所以考试成绩在中国大学招生中是不能取消的。但考试需要改革，国家的相关政策也在往这个方向发展，例如考试次数增加、考试方法更加灵活等。要让大学确实能够践行国家的“综合评价”制度，国家仍然需要进一步下放权力，把招生权力下放给大学。如果大学没有招生权力，何以找到符合自己办学任务和特色的学生？比如像师范类高校，若拿高考成绩一刀切，怎么能找到具有师范教育技能或者说潜能的学生？

三、多元化是实现卓越与公平的手段

万：您提到“由于加州文化、种族、地理、经济以及社会多元化的特征，将多元化融入招生政策实乃加州大学办学模式和理念所致”，多元化也是美国高校的普遍追求。但是在族裔多元化方面似乎有争议，因为加州法律禁止在招生中考虑族裔因素。有学者批评，加州大学某些分校在隐性使用族裔照顾政策，对此您怎么看？

常：我们在招生的时候是看不到族裔的。当然，在综合评价的过程中，我们会考虑学生的受教育机会和家庭背景，而少数族裔学生本身属于弱势群体。反映弱势群体的指标，包括来自比较差的学校、父母亲没接受过大学教育、家庭经济状况比较差，等等。我们在评价的时候，如果两个学生学业成绩相等或是相似，在这种情况下，具备上述弱势群体特征的学生，就会略有优势。因为他们的受教育机会和家庭背景比较差，但是学业成绩达到了相等或相似的水平，大学就会更倾向于录取这些学生。弱势群体里面，大多数又是少数族裔的学生，所以一些学者提出了批评，那么实际情况也是这样。加州大学坚信公平招生不只是看学生的成绩有多好，而是综合性地考查。缩小社会阶层差异是加州大学教育理念的重要组成部分。

族裔多元化之所以重要，是因为加州大学坚信多元化是大学乃至全社会健康发展的必由之路。如果大学没有多元化，学生是生活在“真空”当中的，对社会不了解，对不同背景的学生不了解，培养出来的学生是否能适应多元的社会环境，是很难说。当然还有一个非常重要的原因，就是与加州的先锋理念有关。先锋理念的核心是促进社会流动和社会地位的变迁，即无论学生背景如何，加州大学都会尽最大努力为他们提供学习的机会，给他们提供改变社会阶层的机会。这是“加州先锋理念”（California's Pioneering Idea）的闪光之处，所以加州大学在招生、制定政策和培养学生方面都非常重视促进社会地位的变迁。之前提到的服务社会，实际上也反映了威斯康星理念。威斯康星理念有一百多年的历史，现在仍然在公立大学发挥重要的作用，它最重要的核心就是“大学的边界就是州的边界”（The boundaries of the university are the boundaries of the state）。加州大学仍然秉持威斯康星理念，坚持将教育教学、科学研究、社会服务延伸到加州的每个角落，因为加州大学是加州的公立大学，所以在招生中，也就希望录取的学生来自于加州每一个地方，不仅仅来自旧金山或者洛杉矶，而且来自于各个不同的地区，不管是发达地区还是欠发达地区，都要考虑到。这样做不仅仅是提供服务和机会的问题，而是大学精神的传播，是大学教育的延伸。大学对社会产生的更大的影响力是在“围墙”之外。当然，美国大学是没有围墙的。在这种情况下，如果拿考试成绩或高中成绩一刀切，就很难实现这一目标。

万：所以多元化也是卓越和公平理念的重要组成部分。

常：对，多元化本身是实现卓越与公平的一个手段。我们说的卓越不是指某个学生的卓越，而是一届学生整体的卓越，多元化本身也是卓越的一部分。因为有了多元化，学生才有机会更好地发挥不同的才能，所以多元化包含在招生的每一个程序和每一个过程中，或者是每一个可以考虑的指标中。有研究表明，多元化对学习和技能的发展是非常重要的，特别是当下社会很多工作都是团队合作完成的。密歇根大学一位社会学教授斯科特·佩奇（Scott Page）几年前出版了一本书，书名是《差异：多样性的力量如何创造更好的群体、公司、学校和社会》（*The Difference: How the Power of Diversity Creates Better Groups, Firms, Schools, and Societies*）。这本书论证多元化对学生学业发展的重要性，写得非常好。他的研究证明具有多元化背景的团队在创新、合作绩效方面都表现得更加出色。

万：多元化和大学自主权是不是也有关系？大学用多元化这个概念可以行使更多的招生自主权，受到的外部约束可以少一些，因为多元化的含义特别广,不同的智力、种族、素质都是多元化的范畴,对吗?

常:美国大学招生都是自主招生,所以多元化与大学招生自主权之间并没有直接的关系。但多元化包含的内容非常广,不仅仅是族裔,家庭背景、父母教育程度、社会地位、就读学校背景、学习技能等都可以视为多元化的考核指标。还是回到招生的目的是什么,对加州大学来说,加州的高等教育法和反映加州办学的总体规划,都有明确的规定,加州大学、加州州立大学和社区学院的招生必须要反映加州的社会、经济、文化、教育等背景的组成。所以加州大学必须要考虑招来的学生如何能够在完成自身的大学学习的同时也有利于大学完成其办学任务,比如前面提到的促进社会地位提升就是加州大学的任务之一。如果只招收富裕学生,是不可能完成这个任务的,州政府马上会削减经费。因为州政府拨款办高等教育的目的之一,也是通过提升居民的素质来推动社会经济的发展,这也是纳税人的要求。所以公立大学必须尊重纳税人的要求,也要尊重州的法律。

四、通过招生结果评价考察招生目的达成度

万:那么,加州大学是怎么评价招生目的是否达成?比如在学生的学业表现方面,是不是通过追踪学生大一的 GPA、四年累积的 GPA 以及毕业率?教师是不是也会对学生的课堂表现有一个评价,比如说跟招办人员提及这一届招收的学生课堂表现积极、比较具备创造性?

常:后续的招生结果评价是我负责的工作中最主要的内容,即通过对招生结果的分析,考察招生政策是否合理,招生实践是否符合政策的要求,是否达到了招生目的。加州大学对招生结果的评价非常综合、全面,每一届学生招来后,我们都会看招收的学生是否符合前面提到的在学业表现、个人成就和社会贡献三方面具备卓越表现,也会考察他们在大学的学习和活动参与是否和加州大学办学的任务相匹配,在这一方面我们做了很多很多的评价项目。举例来说,2012 年是加州大学招生改革年,第一是从 2012 年开始取消 SAT 专业课考试成绩(如历史、生物等课程)的要求;第二是将“地方合格性标准”(Eligibility in Local Context，简称“ELC”）中 4%的要求拓展到 9%；第三个改革是实施“必须审核”办法（Entitled to Review，简称“ETR”），也就是说从 2012 年开始，只要申请者达到了最低录取要求，即完成加州大学要求的高中 A—G 学科领域的课程，那么加州大学就要求所有的分校对这些学生都进行综合评价。这些改革实施至今，有些学生已经接近毕业的时间，我们一直在追踪研究新招来的这批学生和 2012 年之前招来的学生有什么不一样，包括毕业率、GPA 以及社会活动的参与程度等。我们期待从 2012 年开始招收的学生各方面的技能更加综合，因为 ETR 是对所有满足最低要求的学生进行评价，招收的学生群体更广泛、更多元化，可能一部分申请学生的 SAT 和高中成绩差一些，但综合能力比较好，我们就会追踪研究这些学生的大学学业表现，这也是招生结果评价非常重要的组成部分。我们也对毕业生的成就进行调查，追踪学生毕业后的经历或者取得的成就，例如是否进入研究生院、是否拿到硕士或博士学位。另外，加州大学本科毕业生 70%—80%留在加州工作，只要其在加州，我们就知道其在哪个领域工作、每年挣的工资是多少，我们也会对其毕业后的工作成果进行研究。顺便提一下，院校研究在美国大学招生中发挥很大作用，开展非常广泛的研究工作，在这一方面，国内的大学还非常落后，亟待改进。

另外，还想强调的是，加州大学招生和中学关系委员会每年必须向大学董事会提交一份招生综合研究和评价报告，向董事会汇报招生政策以及招生结果。我也负责这份报告的所有数据分析。数据分析非常综合，包括长效性的发展动态以及申请、录取和入学的比较，也包括学生进入大学后的表现情况。

五、评价更加综合是加州大学招生未来的发展方向

万：您刚才提到，加州大学招生的模式和路径也一直在改革，促进这种动态演变最重要的力量是什么？还是出于对卓越和公平的追求，对吗？

常：对，这是一方面。说到公平，一定要对公平有一个明确的界定。美国招生中常常谈到的公平与中国国内招生领域讲的公平可能不完全一样。中国国内所说的公平就是这个考生考 568 分，另一个考生考 567 分，如果大学录取

了 567 分的学生而拒绝了 568 分的考生，那就是不公平。美国招生的公平不是这个概念，而是首先考虑学生的受教育机会和背景，与学业表现、个人成就、社会贡献三个方面结合起来评价，才更加反映公平的理念。因为我们所处的社会本身是不公平的，更具体地说，学生接受的高中教育本身是不公平的。在不公平的高中教育之上，来谈绝对的公平，那就是不公平。只有在绝对的公平之上，来谈公平，那才是公平的，这是关于公平的一个不同解读。另外一方面，如果学生处在相对弱势的群体当中，或者是家庭背景比较差，这些因素不是学生本身造成的，而是他们的父辈或者社会导致的。如果他们在相对好的条件中去学习，他们可能也会取得更好的成绩。在招生中，尽量通过考察背景因素，把学生置于相对公平的平台上来评价他们的表现，是非常重要的。那么，怎么实现这个理念？加州大学就是通过综合评价，既看到学生的家庭背景和生活环境，又看到学生就读的高中情况，把这些因素都考虑进去，看学生在这些环境当中的成长。当然这样仍然不能达到 100% 的公平，但至少从这几个方面综合来看，相对来说能够给予处在相对弱势群体里的学生一个更加公平的评价。

另外，招生演变也与社会的不断变化有关。比如说 20 年以前，招生基本不会考虑学生的计算机技能，但现在会考虑；30 年之前可能团队合作不重要，但现在就非常重要。又如，高等教育走向国际化、全球化，招生或多或少也会考虑全球化要求的技能。随着社会和经济的发展以及劳动力市场的需要，高等教育的办学模式也在不断发生变化，所以为了满足这些变化，大学招生也需要改革。当然，虽然招生政策不断在发展和变化，但美国大学的招生政策总体上还是比较稳定的，变化一般都是三年或五年一次，甚至更长。但无论如何改变，大学都会提前告知学生。学生上高中第一年的时候，就知道毕业的时候招生政策是什么样。比如说加州大学 2012 年的改革，2009 年就公布了，目的是让当时刚进入九年级的学生就知道，他们在毕业时大学招生要求是什么。从 2012 年到现在也基本上比较稳定，没有什么大的变化，小的方面我们会做一些相应的调整，但大的改革必须提前告知学生。这也反映了美国高等教育的另外一个非常重要的理念，即以学生为本的大学办学理念。美国大学的招生政策也是完全反映了美国大学以学生为本的办学理念，这是非常重要的。美国大学会考虑，招生政策改了会对学生有什么影响，进而会想到招收的学生对大学办学会产生什么影响。所以我们提前三年公布改革方案，时刻为学生着想，这也是对卓越与公平的追求中非常值得深思的一个问题。

万：您觉得加州大学未来招生会有何趋势？

常：综合评价是未来发展的总体方向，评价会越来越综合，也会越来越全面地考查学生的素质，这是毫无疑问的。在对卓越的评价上，高中学业成绩仍然占比较大的比例。多元化会在招生的过程中反映出来，将来是不是能够把族裔指标明确纳入综合评价中，这要取决于加州居民。推翻《209 法案》的可能性，在短期内比较小。所以，未来总体的发展方向还是会在现行综合评价的框架下继续推进。

万：而且好像竞争越激烈的学校，评价越综合。

常：是的，因为这些学校招收的学生很少。招收的学生越少，大学越要综合评价每一个学生，这样才能保证招收的每一位学生都能够在某一个方面为大学完成办学任务做出应有的贡献。比如说斯坦福大学和哈佛大学，一年只有 1 500 名左右的新生，如果只招来自好高中的学生和来自富裕家庭的学生，那么这些学生就没有机会接触来自不同背景的学生，短期发展没有问题，但从长远的发展来看，培养的学生可能就无法反映整个社会群体全面的情况。所以这些大学招生会更加综合考虑学生的学业成绩以及个人成就和背景，尽量使得招来的学生能够在各个领域做出贡献，这样教育才会更加成功。

总之，“综合评价”是美国大学招生通向卓越和公平的必经之路，我相信也是美国大学保证其教育质量和圆满完成大学教学、科研和社会服务任务的前提。中国高校在建设过程中，也必须将大学招生“综合评价”纳入总体发展和建设规划中。

第六章　考核学生之创新和实践能力在大学招生中的重要性[①]

一、概述

如何进一步确定大学招生入学考试内容以及完善申请学生合格性评价方法，一直是高教研究和招生部门探讨的问题。不同的国家由于教育体制不尽相同，大学招生政策也有实质性的区别。美国大学招生工作完全由学校负责，包括招生政策的制定以及对申请学生的评价和做出最后的录取决定，等等。因此，各大学对招生入学考试的要求以及评价学生合格性的方法也各有不同。尤其是不同类型的大学之间，诸如公立大学与私立大学、综合研究型大学与以教学为主的大学在招生制度和办法等方面有非常显著的差异。美国加州的三个公立大学体系即加州大学、加州州立大学和社区学院在招生政策和录取办法上的区别就充分反映了美国大学招生中的“级别”特点。加州大学属于研究型大学，招生标准较高，既要求学生有较高的高中 GPA 以及大学入学考试成绩，还要求学生在组织领导能力等许多方面有良好的表现；加州州立大学以教学为主，因此招生主要以高中 GPA 为评价标准，达到要求的学生不需要提供大学入学考试成绩（好的分校竞争性也很激烈）；社区学院主要提供职业技术和通识教育课程的教学，因此招生是完全开放性的，申请学生几乎都可获得录

① 本章内容原发表于《考试研究》2009 年第 2 期。原文题目是《学生创新和实践能力考核在大学招生中的价值：美国“彩虹项目”的启示》。此处有删改。

取。当然,同一类型的大学,无论是公立还是私立,在招生政策方面也有共同的特点。例如,研究型大学招生的共同特征就是采取多元化方式对申请学生的合格性进行评价。加州大学实施的"综合评审"办法就是一个很典型的范例。其评价内容包括高中成绩、大学入学考试(SAT 或 ACT)、就读学校为学生提供的学习机会、组织领导能力、参加社区活动的情况,等等。这种评价方法相对公平合理,因此受到了学生、家长以及社会各界的普遍认同。

但近年来,随着经济全球化和美国人口组成的多元化,特别是从 20 世纪 90 年代起,越来越多的州在公立大学招生中取消《平权法案》对种族、性别以及家庭经济状况等个人因素的"呵护",美国大学的招生政策因此面临前所未有的挑战,其有效性也受到了空前的质疑。招生中"卓越"与"多元化","平等"与"均等","知识考核"与"能力考核"之间的矛盾越加尖锐。显而易见,单纯依靠传统的考试是很难有效地解决这些问题的。为此许多大学推出了新的招生政策。其中,加州大学、德州公立大学以及佛罗里达州立大学推出的以申请学生所就读高中毕业生的成绩排名为依据的评价方法就颇受赞誉。① 这种方法看似对高质量学校毕业的学生有所不公,但考虑到当地经济发展的地域性差异以及一些特殊群体对多元文化和当地经济长远发展可能做出的贡献,这种方法实际上具有"卓越"和"公平"的双重性。

也有许多学者从教育学和心理学理论为切入点,提出了要拓展招生考试内容的观点。其中,前文提及的世界著名心理学家罗伯特·斯坦伯格及其研究人员创立的大学招生研究"彩虹项目"及其考试方法极具影响力。②③ 本章对"彩虹项目"的理论基础、招生考核内容及方法、效度以及在美国塔夫茨大学(Tufts University)的实践经验予以阐述,期望能为中国大学招生改革提供些许启示。

① 周海涛. 美国公立大学录取政策变革:百分比计划. 清华大学教育研究,2007(3).

② STERNBERG R. How can we simultaneously enhance both academic excellence and diversity? College and University Journal, 2006, 82(1): 3-9.

③ STERNBERG R. The rainbow project: Enhancing the SAT through assessment of analytical, practical, and creative skills. Intelligence, 2006, 34: 321-350.

二、“彩虹项目”的背景及目的

“彩虹项目”是由美国大学委员会资助的大学招生研究项目。研究负责人是罗伯特·斯坦伯格。斯坦伯格原任耶鲁大学心理学教授，后任美国塔夫茨大学文理学院院长。[①] “彩虹项目”的研究目的包括：1) 通过拓展入学考试内容，弥补 SAT 的不足，寻求一种可以提高 SAT 考试效度的方法；2) 探索一种更加合理科学的方法来解决前面提到的美国大学入学考试中存在的问题，特别是希望通过对学生进行更加全面的考核，削减由于目前标准化考试存在的问题所造成的对不同种族、性别的学生在招生中的不公平性。

三、“彩虹项目”的研究理论基础

“彩虹项目”所倡导的考评方法是以智力理论为基础。学术界对智力的研究已有近百年的历史。尽管人们还没有对“智力”的定义达成共识，或许更确切地说，根本就不存在一个就智力而言的“真实的定义”，但各相关理论在促进人们对人类认知能力的探讨和发展中发挥了积极作用。早在 1904 年，查尔斯·斯皮尔曼(Charles Spearman)将智力解释为可以测量并能用数量来表示的认知能力。[②] 此后，里昂·瑟斯顿(Leon Thurstone)得出了与斯皮尔曼完全相反的结论，他认为智力是一个人最基本的心智能力，它是由语言理解能力、推理能力、知觉速度、数字计算能力、语言流畅能力、联想技能、空间视觉判断能力等组成。[③] 近二三十年来，对智力的研究进入了一个新的阶段。霍华德·加德纳(Howard Gardner)根据人们在不同文化领域所表现出的能力提出了人类智力的多元化理论，包括语文智力、逻辑-数学智力、空间智力、肌体动

① 斯坦伯格于 2010 年离开塔夫茨大学，到俄克拉荷马州立大学担任教务长，之后于 2013 年年初到怀俄明大学担任校长，同年年底辞职。现任康奈尔大学的人力资源发展教授。

② SPEARMAN C. General intelligence: Objectively determined and measured. American Journal of Psychology, 1904, 15: 201-293.

③ THURSTONE L. Primary Mental Abilities. Chicago: University of Chicago Press, 1938.

作智力、音乐智力、人际关系智力、内省智力、自然观察智力等。[①] 他强调，每个人在不同程度上都拥有这八种智力，且这八种智力是相辅相成的，其强势智力可唤醒弱势智力。他同时也强调，每个人又都是独立的个体，其成长背景、经验、自律和需求各有不同。例如，有的人可能擅长学习语言，有的人可能擅长音乐，等等。因此，他倡导教育应该以不同的方法引导启发每个学生的天资，以一概全的方式不利于对学生的智力、知识及技能的培养和传授。特别是在评价学生的学习成绩时，他强调不能将注意力完全集中在考试成绩上，因为数量表达方式并不能全面、准确地反映人类的智力和能力。大卫·帕金斯(David Perkings)认为智力由三部分组成：神经、体验和反思智力。[②] 其中体验智力是指人们在正式和非正式的学习环境中经过多年的知识和经验的积累而形成的。这种智力和经验可以使人们在某一领域具有卓越技能。因此，生活在丰富学习环境中的学生要比成长在单调环境中的学生更具智力。斯坦伯格将人的智力定义为一种"有目的的选择、适应并改造与个体生活息息相关的现实环境的心智活动能力"[③]，并提出了"三元智力理论"(Triarchic Theory of Intelligence)，亦称之为"成功智力理论"(Successful Intelligence)。

斯坦伯格的"三元智力理论"和加德纳的"多元智力理论"的区别在于，"三元智力理论"是从智力的功能面切入，较倾向心智运作的析解，而"多元智力理论"则从外在形式面切入，更注重心智活动与外在环境间的关联。[④] "三元智力理论"，即成功智力理论可以从三个方面进行概述[⑤]：1) 成功智力是人们根据自己在某一特定的文化环境中对成功的期待和理解所能够获得的正向能力。人们对成功有不同的理解和期待(例如，成为成功的科学家、运动员、演

---

① GARDNER H. Frames of Mind: The Theory of Multiple Intelligences. New York: Basic Books, 1983.

② PERKINS D. Outsmarting IQ: The Emerging Science of Learnable Intelligence. New York: The Free Press, 1995.

③ STERNBERG R. Beyond IQ: A Triarchic Theory of Intelligence. Cambridge: Cambridge University Press, 1985: 45.

④ 吴武典，多元智能的理念与研究．资优教育季刊，1999(73)：1-9.

⑤ STERNBERG R. How can we simultaneously enhance both academic excellence and diversity? College and University Journal, 2006, 82(1): 3-9.

员、音乐家、作家、会计、管道工、秘书、经理等)，因此，对智力的诠释应考虑人们为了达到不同的目标所付出的努力。2) 人们通过强化自己的优势，弥补或者纠正自己的弱势获取成功。在通向成功的道路上没有任何通用的公式可循。每个人都必须根据自己唯一的优弱势组合探寻自己的“公式”。这就意味着人们的能力是可以改变的，也就是说人们如果努力去做一定能够改变他们的弱势。3) 人们的智力是由三个部分组成：分析、创新和实践智力。分析智力是指分析和解决问题的能力；创新智力是指利用过去的知识和经验处理新问题的能力；实践智力是指适应不断变化的环境，并应用知识解决问题的能力。人们获取成功是将创新、分析和实践能力进行最优组合，并发挥到极致。创新意识和能力有利于产生有意义的理念；分析技能是用来决定这些理念是否正确；实践技能则是将理念付诸事实，并让别人信服这些理念的价值。

斯坦伯格认为，从成功智力理论的角度来分析，当前的美国大学入学考试只重视考核学生对所学知识的掌握程度，也对学生的分析能力进行了较为合理的测量，但却忽视学生对未来大学以及现实生活中获得成功所必需的基本技能，即创新和实践能力的评价。① 为此，经过多年的探索和实践，斯坦伯格研制开发了测试分析、创新和实践能力的“斯坦伯格三元智力考试”体系(The Sternberg Triarchic Ability Test，简称 STAT)。本文阐述的“彩虹项目”的研究数据就是斯坦伯格通过这项考试从 8 所四年制大学和 5 所社区学院收集而来的。

四、STAT 考核内容及方法

STAT 考试问卷包括三个部分，分别测试学生的分析、创新和实践能力(如表 6-1 所示)。每个部分又包括三项考核内容：语言、数学和图示。每部分包括 15 个多项选择题，共计 45 个问题。② 另外，创新能力考核部分还包括故

① JASCHIK S. A “Rainbow” approach to admissions. Inside Higher Ed. July 6, 2006.

② STERNBERG R. The rainbow project: Enhancing the SAT through assessment of analytical, practical, and creative skills. Intelligence, 2006, 34: 321-350.

事创作，要求学生按照两个给定的“不寻常”的题目创作故事，完成两个看图叙事故事以及给卡通画加注说明。实践能力考核部分还通过问卷调查来考核学生判断日常形势、处理日常工作以及处理与大学生活有关的问题的能力。

表 6-1　STAT 测试项目、内容及方法

测试项目	测试内容	测试方法
分析能力		
语言	词意理解	试卷通过一段文字显示一些新造词汇，要求学生根据上下文意思理解词意
数学	识别数字系列	根据一系列数字的变化规律识别下一个将要出现的数字
数字图像	识别数字矩阵	数字矩阵的右下角空白，要求学生根据数字矩阵的规律完成数字矩阵图像
创新能力		
语言	新奇的推理问题	试卷包括与事实相反的推理前提(如钱是从树上掉下来的)，要求学生在假设这项前提是正确的情况下，完成推理问题
数学	新奇的数据运算符号	试卷将包括一些新奇的数学符号(如“flix”)及其代表的数学意义，要求学生利用这些符号解决数学问题
图像	创建新的图像	试卷包括一系列的变化多端的图像，要求学生根据图像的变化规律完成给定的新的图像
开放问题	创作故事	要求学生按照两个给定的“不寻常”题目创作故事，完成两个看图叙事问题，及给卡通画加注说明
实践能力		
语言	处理日常问题的能力	试卷包括学生在青春期常遇到的问题，要求学生从中选择解决这些问题的最好方法
数学	解决日常数学问题	试卷包括利用数学知识解决日常生活问题的各种方案，要求学生以这些方案的要求解决问题
图示	行程路线计划	试卷显示某一地方的地图，要求学生根据地图所提供的内容回答有关行程路线问题
开放问题	潜移默化的知识	通过问卷调查来考核学生判断日常形势、处理日常工作以及处理与大学生活有关的问题的能力

五、STAT 考试成绩对大学 GPA 的预测效度

斯坦伯格利用分层回归对学生的 SAT 分数、高中 GPA 以及 STAT(学生

在分析能力、实践能力和创新能力考试中的得分）成绩在预测大学 GPA 的效度进行了分析（如表 6-2 所示）。统计数据显示，高中成绩和 SAT 成绩只能解释大学成绩变化的 15.6%，而且高中成绩的预测程度显著高于 SAT 成绩。在此基础上，增加分析、实践和创新能力的考核成绩（STAT），回归方程对大学 GPA 的预测效度从 15.6%增加到 24.8%，增加大约 60%。而且四项测量创新能力的成绩中有三项具备显著的预测能力。创新能力考核成绩的预测效度呈现王相关，且居所有预测变量之首。如果在回归方程中不包括高中 GPA，SAT 对大学成绩的预测效度仅为 9.8%；增加 STAT 后，效度上升到 20%，预测度增加一倍多。

表 6-2　STAT 考试对大学 GPA 的预测效度[1]

项目	包括 SAT 和高中成绩之后的效度				包括 SAT 之后的效度			
	模型Ⅰ	模型Ⅱ	模型Ⅲ	模型Ⅳ	模型Ⅰ	模型Ⅱ	模型Ⅲ	模型Ⅳ
SAT[2]								
语言	0.098	0.084	0.066	0.005	0.145	0.125	0.098	0.039
数学	0.070	0.011	−0.008	−0.069	0.188	0.114	0.082	0.021
高中成绩[2]	0.285[3]	0.276[3]	0.267[3]	0.270[3]	—	—	—	—
STAT								
分析能力		0.096	0.054	0.012		0.122[3]	0.068	0.021
实践能力								
表现			0.119[3]	0.049			0.133[3]	0.058
实践能力			0.025	−0.033			0.055	−0.015
创新能力								
写作				0.003				−0.003
口语				0.273[3]				0.252[3]
卡通				−0.072[3]				−0.068
创新能力				0.258[3]				0.290[3]
R^2	15.6%	15.2%	15.9%	24.8%	9.8%	9.9%	11.0%	19.9%

注：1. 表中数据为标准系数（standardized beta coefficients）。
2. 分析是以 Z 值转换后的值为基础。
3. $p<0.05$，$N=777$。

另外，斯坦伯格的研究还发现，虽然不同种族的学生在 STAT 所有考核指标上的成绩仍然存在差异，但这些差异与他们在 SAT 成绩的差异相比已显著缩小。方差分析结果显示[1][2]，由于种族原因而造成的单项测量差异都小于3%（$\omega^2 \leqslant 0.03$），换句话说，无论考试者的种族背景是什么，他们在STAT考试中的得分都非常接近。相反，种族在SAT语言和数学两项考试上所造成的综合差异达到7%（$\omega^2 \leqslant 0.07$），其中在语言考试上的差异更高达9%（$\omega^2 \leqslant 0.09$）。按性别分析，男女学生在STAT考试中，除了一项实践技能的成绩有差异外，其他各项成绩几乎不存在任何差异。

六、STAT考试在塔夫茨大学的实践经验

塔夫茨大学在2006年招生中增加了对学生创新和实践能力的考评，但学生有权选择是否参加这项考核。考核内容包括故事创作、卡通解说、实际问题解决等。考核问题是在STAT问卷基础上重新修订而成，只包括短文写作。塔夫茨大学要求决定参加这项考核的学生在上报申请资料的同时上报自己的答案。2006年大约有一半申请学生自愿参加了这项考核。

招生结果表明，STAT考试成绩高的学生更容易被录取。[3] 但进一步分析表明，增加这些考核对高中表现好和差的学生并没有显著影响。换言之，不能被录取的差生在考虑了此项考核成绩后，仍然不能被录取；表现出色的学生在权衡了这项考核成绩后也不会被拒绝。不过这项考核成绩对中上水平学生的录取决定会有非常重要的影响。这些学生占所有塔夫茨大学申请学生的一半以上。他们的平均入学率为25%。但参加了STAT实践能力考试的学生有55%被录取，所有参加了STAT创新能力考试的学生的录取率也达到53%。塔夫茨大学2006年的入学结果还显示，来自于弱势群体的学生人数明显增加。例如，2006年入学学生中非洲裔和西班牙裔学生从10.8%增加到13.4%。

---

① STERNBERG R. How can we simultaneously enhance both academic excellence and diversity? College and University Journal, 2006, 82(1): 3-9.

② STERNBERG R. Creating a vision of creativity: The first 25 years. Psychology of Aesthetics, Creativity, and the Arts, 2006, No. 1: 2-12.

③ JASCHIK S. New view of admissions. Inside Higher Ed, 2007.

2006年后，塔夫茨大学将创新和实践能力的考核仍然作为选择项目要求学生在申请时完成，但试题内容有些许改进。2009年的考试包括以下内容[①]：

(1) 自从19世纪20年代无声电影首映以来，电影作为一种媒介充分发挥了鼓励、激发、娱乐以及教育的作用。选择一部与你的想象产生共鸣的电影，并阐述为什么这部电影激发了你的想象力或者影响了你对周围世界的认识。

(2) 像许多工程师和科学家一样，天文学家哈勃(Edwin Powell Hubble)一直潜心寻求解决问题的方法。他曾说过："凭着自身的五种感觉，人们在不断探索周围的宇宙，其实这种行为可称之为科学冒险。"用你所掌握的科学原理知识，描述你愿意致力探索的"科学冒险"，并阐述你为什么愿意致力于这项探索。

(3) 美国第44任总统将在2009年1月20日发表就职演说。根据2008年总统竞选初选的投票情况来看，年轻人在下一届总统选举中将有非常重要的影响。请给新任总统写一封公开信，阐述你希望新一届政府可在上任后的前100天之内需要着手处理的问题，并解释为什么这些问题对你有影响。

(4) 在人类文化发展的历史长河中，人们塑造了无数令人难忘的人物形象，如美国的苹果核约翰尼、古希腊的珀修斯、东亚的狐狸精等。假使这些人物形象中的一种仍然健在，并在当今世界工作。为什么圣女贞德将在办公室工作？"湿婆神"是一位将军还是外交家？羽蛇神(Quetzalcoatl)是否被困在动物园？把你选择的人物与当今世界相联系，并阐述你所想象的这位人物的生活。

(5) 人们每天都会面临许多挑战。面对挑战，有些人难免做出不合心意的决定。也许，你的政治、社交或者文化观点得不到你的学校、家庭或者社区其他人员的认同。你是否曾有勇气为你自己或别人创造更好的机会？你是否能找到任何原因来坚持你所积极支持的观点？如果你遇到年龄比你大的人反对你的意见时，你如何坚持你的观点？

---

① Undergraduate Admissions Requirements at Tufts University. Retrieved 12/12/2008. http://admissions.tufts.edu/? pid=119.

(6) 在一张 8.5 英寸×11 英寸(1 英寸＝25.4mm)的纸上完成一项创作设计,如未来的家、新的产品、卡通、表演服装或者一件独特的东西。让你的想象力在这张纸上驰骋遨游。

(7) 任选一题作文:1) 病毒过滤器(The Spam Filter);2) 17 分钟以前……(Seventeen Minutes Ago…);3) 两个,两个(Two By Two);4) 社交网站(Facebook);5) 现在的困难是……(Now There's the Rub…);6) 不加鲜奶油的半低咖啡因半浓缩拿铁(No Whip Half-Caf Latte);7) 第十一戒律(The Eleventh Commandment)。

七、总结与启示

首先,"彩虹项目"的研究结果以及塔夫茨大学的实践经验充分显示了在大学招生中对申请学生的创新和实践能力进行评价是一种非常有价值的尝试。它可以充分提高招生评估的卓越性和公平性。其价值不仅表现在提高对入学学生大学 GPA 的预测效度,而且在削减由于标准化考试的不公平性所造成的对弱势群体的偏见方面有积极作用。更难能可贵的是,正如塔夫茨大学招生办公室主任所说的[①],申请学生所递交的关于创新和实践能力问题的写作短文与标准入学考试的短文相比,有着振奋人心的新颖感和无限活力,或许这就是申请学生创新和实践能力的一种表现。以提高大学招生工作质量和效度为宗旨的美国教育管理委员会的创始人曾强调:激励学生的想象力是教育极为重要的内容,但非常遗憾的是许多重点大学当前的招生体制未能体现这一教育价值。他肯定塔夫茨大学的招生考核体系向鼓励真实的教育发展迈进了一步。

其次,尽管"彩虹项目"的研究结果为大学招生中合理考核学生的创新和实践能力提供了理论依据,对进一步完善大学招生评价体系有积极意义,但

① JASCHIK S. New view of admissions. Inside Higher Ed, 2007.

“彩虹项目”的考核方法是否可以广泛推广仍需要探讨和商榷。到目前为止，只有塔夫茨大学对此进行尝试性的使用。此外，也仅有华盛顿大学（The University of Washington）对这种招生体系表现出了积极的兴趣，当然，这并不意味着“彩虹项目”的研究结果没有引起教育界广泛的重视。美国大学对招生考试的改革一向非常谨慎，通常花费较长的时间对理论基础进行研究，并对考题效度进行广泛检验。例如，有关 SAT 最近一次改革的研究从 2000 年开始，到新的试题于 2005 年第一次使用，前后花费了大约 6 年的时间。另外，如何有效地考核学生的创新和实践技能确实还需要深层次的研究。华盛顿大学招生办公室主任也指出，如果他们决定采用这种考试，他们必须寻找一种更加合理的短文评价方法。笔者认为，美国大学委员会在近期不会将 STAT 列为正式的考试科目，但在未来的考试改革中，美国大学委员会会考虑在 SAT 考试中增加创新和实践能力的考核内容。

最后，“彩虹项目”的研究结果和塔夫茨大学的实践经验对我国大学入学考试改革有非常重要的借鉴意义。目前，我国的招生考试仍然以考核中学所学知识为主。例如，王剑、徐洪婷对 2007 年山东高考数学命题进行了分析，结果表明，试题的优点是凸现“双基”（基础知识、基本技能等）考查，突出主干知识考查，重视对新增教学内容的考查等，但缺点是对创新意识的考查不够突出，对实践能力的考查不够深入。[①] 更重要的是，在我国高校招生中，高考成绩仍然是评价申请学生合格性的主要标准，依据前面阐释的智力理论以及“彩虹项目”的研究结果来评述，这种考试和评价方法过于片面和单一，不能全面公平反映学生的智力和才能。事实上，由于美国高中学习成绩评价方法的多元化，高中 GPA 或多或少反映了学生的创新和实践能力。但在我国大学招生合格性评价中还没有包括高中成绩的情况下，如何在大学入学考试中对创新和实践技能进行有效的考核更需深思和探讨。相信相应的改革不仅有利于提高大学招生的卓越性和公平性，而且对完善我国基础教育的教学质量评价体系也会有促进作用。

---

① 王剑，徐洪婷. 2007 年山东高考数学命题分析. 考试研究，2008(3)。

第四篇

加州大学本科招生制度

第七章　美国最大的公立大学系统怎样招生[①]

一、遵循“德智双向”传统，强调公平不妨碍实现卓越

周作宇（以下简称“周”）：加州大学的历史可追溯到19世纪中期，1868年在《莫里尔法案》的支持下正式建立，即现在的伯克利分校。经过大约一个半世纪的发展，加州大学已成为美国乃至全球规模最大的研究型大学。伴随着大学规模的不断扩大以及加利福尼亚州经济、社会特征的变化，加州大学100多年来对其招生政策进行了多次改革。加州大学的招生政策是怎样一步步发展完善的？

常桐善（以下简称“常”）：加州大学的招生政策进行过多次改革，但总体方针仍遵循建校初期提出的“德智双向选择的录取标准”。当然，德和智所蕴含的意义已有很大程度的拓展，更加体现当今社会所认可的道德理念和多元智力趋向。

建校初期的十多年，加州大学本科招生录取主要以申请学生的面试成绩为评定标准。其后的实践证明，面试不是理想的录取办法，不仅给考生带来许多不便，而且容易受主客观因素的影响，考试成绩的可靠性受到质疑。随后，笔试代替面试，并沿用至今。

从1931年起，申请者在中学所修的课程成绩被纳入录取标准。此后不

---

① 本章内容原发表于《中国教育报》2009年2月19日的独家访谈专栏。本文记录了北京师范大学周作宇教授访谈作者的内容。此处有删改。

久，加州大学将申请者在其就读高中的成绩排名也纳入录取评价标准，即排名在前10%、高中最后两年6门课的成绩不低于B级。这是加州大学招生改革史上的里程碑，对提高偏远地区、教育质量相对落后学校的升学率起到了积极作用，在一定程度上也有利于激励学校实施素质教育。

加州大学于1968年起通过学术能力考试（SAT）成绩来提高录取标准。虽然加州大学并未放弃其他考核标准，对标准化考试成绩的使用也有明确限制，但是加州大学不得不取消高中成绩排名前10%的评定标准。这些变化是为了适应加州《高等教育总体规划》的要求，却严重影响了少数族裔学生的录取机会。为了尽可能给这些学生提供“均等”机会，加州大学于1974年将族裔、性别、家庭经济情况等因素纳入录取标准。

然而，这一政策从一开始就引起了激烈的争论。1978年，加州大学被推上被告席。美国最高法院虽然承认大学有权在招生中将族裔作为一种因素来提高大学生组成的多元化，但也宣判以族裔为标准划分招生比例违反了美国宪法中有关“人人享有平等保护”的条款。从1997年起，加州大学在招生中不再考虑族裔、性别等因素。这一改革导致了加州大学少数族裔学生入学人数比例的显著下降。

后来，《加州教育法》明确规定，加州大学应招收符合录取标准的所有学生，其招生政策应反映加州文化、民族、地理、经济以及社会多元化的特征。为此，加州大学在2001年推出了本科招生“综合评价”制度。“综合评价”制度重新恢复了对申请学生在毕业学校的排名进行考虑的标准，但将排名范围从前10%缩减到前4%。自此，加州大学的少数族裔学生入学人数略有上升。这次改革也使许多从未有学生被加州大学录取的学校看到了希望。

周：从您的介绍中我感觉到，加州大学在招生中似乎非常注重公平，在政策法律允许的范围内，尽可能地在招生时顾及少数族裔和其他受教育环境不佳、处境不利的学生。但是作为研究型大学，学生的素质和潜力也是非常重要的。那么，在加州大学的招生政策中，怎样权衡公平和卓越两方面因素？卓越优先还是公平优先？如何在保证卓越的基础上促进公平？有哪些项目保证低收入家庭的孩子能够正常入学？在争取招收优秀学生方面，加州大学有何特殊政策与其他名牌大学展开竞争?

常:加州大学在本科招生中对“卓越”和“公平”都非常重视。

加州大学对“卓越”的定义非常广泛,既包括学生在中学的优异学业表现和大学入学考试的良好成绩,又包括学生在社会活动以及自我生存方面的非凡能力,也涵盖学生对大学以及整个社会多元化发展可能做出贡献的潜力。这个定义从某种程度上也反映了招生的公平性。

加州大学在招生中充分考虑“卓越”因素的同时,也将学生所在地和就读学校提供的学习和参与社会活动的机会多少作为评价标准之一。这就是前面提到的“地方性评价标准”,排名在就读学校前4%的学生即符合加州大学的录取标准。这种方法看似对好学校毕业的学生有些不公,但考虑到加州社会经济发展的地域性差异以及一些特殊群体可能对加州多元文化和经济长远发展做出的贡献,这种方法实际上具有“卓越”和“公平”的双重性。

加州大学为学生提供许多奖学金项目,保证每一个被录取并愿意就读加州大学的学生不会因为家庭经济问题而弃学。在2006学年,约63%的本科生接受了不同类型的资助,生均大约1.4万美元,占学生全部花费的60%左右。补助金的评定主要以需求为标准。例如,在2006学年,家庭收入低于2.2万美元的学生中约80%享受了补助金,生均补助金额达到1.2万美元,而家庭收入在13.4万美元以上的学生中仅有2%享受补助金,生均补助金额不到2 000美元。

加州大学和常春藤联盟大学以及其他名牌大学之间在本科招生上存在一定的竞争。例如,在2005年,加州大学录取的学生中就有约400人放弃加州大学,选择了哈佛大学和耶鲁大学,有430多人选择斯坦福大学。

事实上,加州大学,特别是伯克利分校,有许多本科专业在全美都名列前茅。对加州居民来说,就读加州大学的学费相当于就读常春藤联盟大学的1/5,所以许多学生还是倾向于选择加州大学。另外,加州大学也通过对出类拔萃和具有特殊才能的学生提供奖学金的方式来吸引他们入学。2006学年,26%的学生获得奖学金,人均7 000美元。加州大学和其他州的公立大学,如密歇根大学等几乎不存在生源竞争。

二、高等教育分三级体系，允许学生被多所分校录取

周：20 世纪 60 年代，加州制定了《高等教育总体规划》，将加州的公立大学明确划分为三个独立的体系：加州大学、加州州立大学和社区学院。该规划规定，社区学院主要提供可转入其他两个大学系统的课程、有利于学生就业的职业技术课程和通识教育课程；加州州立大学主要提供文理以及职业和应用学科的教学，对完成学业的学生授予学士或硕士学位；加州大学集教学与研究为一体，有权授予学士、硕士及博士学位。从这个意义上讲，加州大学不是一所大学，而是该州高层次教学科研的集合体。因此，我们探讨加州大学的招生政策便具有了更加广泛的意义。50 年过去了，这个规划是否还在发挥着效力？在三级高等教育体系中，各类高校如何根据办学任务对自身的招生方式及标准进行定位？

常：经过 50 年的发展，加州大学已有 10 所分校，授权管理 3 个国家实验室。加州州立大学有 23 所分校，社区学院有 109 所分校。但是，三类高校系统的办学任务没有太大的变化。

近 30 年来，学生数增长最快的是加州大学，增长率为 74%；其次为社区学院，增长率为 68%；增长最慢的是加州州立大学，增长率仅为 39%。

由于办学体制和任务不同，3 个高校系统的招生对象以及制度也完全不同。加州州立大学的招收对象是加州公立中学毕业生的前 33%，加州大学的招收对象是加州公立中学毕业生的前 12.5%。这个规定实际上是两个大学系统制定招生政策的“指挥棒”。两个系统虽然都要求申请学生完成高中必修课程，但对高中成绩和大学入学考试成绩的要求有明显区别。加州大学通过多元化方法对申请者进行评价，各项要求均高于加州州立大学的评定标准。社区学院的招生是“开放性”的，所有高中毕业生都可申请入学。3 个系统的招生各自独立。

周：发展至今，加州大学已经有了 10 所分校，其中 9 所分校招收本科生，这样一个庞大的学校系统，它的招生工作是怎样进行的？

常:加州大学本科招生总体来说实行“统一招生,单独录取”的综合评价制度。由大学统一制定综合评价的招生政策,并负责一系列的学生申请工作,然后由各分校根据这些原则进行单独录取。在正式公布录取结果之前,各分校之间的录取信息彼此保密。学生可以申请多所分校,也可同时被多所分校录取。

综合评价制度包括两个步骤:第一步是通过多元化方法对申请学生进行评价,包括标准化入学考试成绩标准、地方性评价标准、高中成绩标准、特殊招生标准等。第二步是对合格学生的申请材料进行综合评价,并择优录取。

加州大学承诺录取所有合格的申请者,但不能保证所有学生都能按照他们申请的分校或专业被录取。对合格但未能被申请分校录取的学生,加州大学把他们推荐到指定的两所分校,并保证被录取。本科招生政策由招生和学校关系委员会拟定,由学校董事会统一颁布。该委员会是加州大学学术委员会的一个下设机构,其成员由各分校的在职教师及学生代表等组成。通常每月召开一次会议,研究本科招生事宜。

校长办公室招生办公室的行政职能主要是执行大学统一颁发的招生政策和监督协调 9 所分校的招生工作。招生办公室下设评估研究组、招生组、高中课程评估组、高中毕业生地方性评价组、社区学院课程评价组等。加州大学 9 所分校亦设有招生委员会和招生办公室,根据综合评价原则单独完成录取工作。

三、大学标准化入学考试的趋势不是消失,而是改进

周:据了解,围绕大学标准化入学考试的争论在美国,甚至就在加州大学也是存在的。这类考试在美国大学招生录取时到底扮演一种什么角色?它对高中课程教学有何影响?大学在标准化入学考试的发展完善中有何推动作用?标准化入学考试的未来前景如何?

常:学术能力考试和美国大学入学考试(ACT)是美国大学普遍接受的标

准化入学考试。它们在不同大学招生时所起的作用不尽相同。有的大学对标准化考试成绩考虑的比重较大,有的大学则更加重视高中成绩和其他因素。但可以肯定,没有一所大学单纯以标准化考试成绩作为录取依据。前面已经多次提到,加州大学利用多元化方法对申请学生的合格性进行评价,入学考试成绩只是其中之一。

可以肯定地说,标准化入学考试对中学教学有影响,但非常小。这种考试并不考查高中授课内容,而是侧重考核技能。SAT 中的专业课考试虽侧重考核高中授课内容,但美国仅有 60 多所大学要求学生提交专业课考试成绩。因此,大学入学考试对高中课程教学没有"指挥棒"的作用。中学可以根据自己的办学特点制订教学计划,教师也可根据自己的教学特长选择教学方法,并有机会加强创造和实践技能以及多元化教育。

当然,大学入学考试是否以中学授课内容为基础一直是大学管理人员以及学者争论的问题。这些争论主要集中在入学考试的效度问题上。

纵观 SAT 的发展历史,大学的参与起了决定性的作用。哈佛大学全国性奖学金项目选择 SAT 作为评选获奖者的标准,成为其早期发展的主要动因。2005 年的改革则是由于加州大学在 2001 年提出要取消在招生中使用 SAT 成绩的计划所致。

事实上,和大学委员会以及教育考试服务中心相比,大学在研究入学考试时更有优势。大学既有学生入学前的各种考试成绩和个人背景信息,也有学生入学后的详细资料,因此,大学可以从多种角度对学生入学前后的成绩和个人发展情况的相关性进行研究。对以培养人才为己任的高校而言,大学招生是圆满完成其教育使命的第一步,任何不公平的招生方法都可能对申请学生和高校本身造成严重影响。因此,大学强化参与入学考试改革的主动意识既是大学自身建设的需要,也是承载社会责任的需要。

通过考试评定学生的成绩虽然不是最完美的方法,但在许多国家仍然是最主要的方法之一。因此,在没有更有效的评价方法之前,考试成绩仍然是大学招生不可或缺的量化指标之一。标准化入学考试在美国大学招生中不会完全消失,相反,随着大学办学的国际化,它所扮演的角色将越来越重要。

周：目前加州大学招生中存在的主要问题是什么？产生这些问题的原因是什么？以后将如何调整？

常：由于加州大学是公立大学，在制定招生政策时必须考虑本州的社会经济特征。如何处理好卓越与多元化、平等与均等、知识考核与能力评价之间的矛盾也就成为加州大学招生长期以来面临的严峻挑战。

自20世纪70年代起，加州增长的人口中有一半是移民。能否尽量为各类学生提供进入加州大学就读的机会是影响加州大学招生政策的重要因素。

加州大学虽然采取多种方法对申请者进行评价，但评价应该侧重学生的知识还是能力一直是争论的话题。从评价方法的角度看，知识评价相对简单可行，但如何对学生的创造能力、知识应用技能进行有效评价始终是一个难题。而这方面的能力对学生大学毕业后的实际工作有直接的影响。虽然存在困难，但加州大学并没有放弃改进的努力。

关于加州大学招生制度的发展前景，在近期内，高中成绩和标准化入学考试成绩仍然是重要的评价标准。但大学学术委员会已向校长建议从2012年起，只要求学生提交SAT中的推理考试成绩或ACT成绩，取消对SAT专业课考试要求。去年，加州大学研究发现，SAT中的专业课考试对大学学业的影响微乎其微。因此，没有必要给学生增加考试的负担。

另一项提案是将“地方性评价标准”从目前的排名在学校前4%扩大到9%。提案的理念是“学习成绩的评价应充分考虑学习环境”。如果方案得到实施，一些地处偏远、整体成绩较低的中学将会有学生获得进入加州大学的机会。

在学生的实践和社会活动能力的评价上，加州大学主要以学生参加的具体活动及取得的成绩为依据，目前没有采纳任何形式的考试方法。各分校的评价标准各不相同，主要依据评审人员的判断。加州大学正在积极商讨制定统一评价标准的可能性。

周：虽然加州大学的招生政策是以美国尤其是加州的社会经济特征以及

加州大学的办学任务为基础制定的，但它的一些做法，诸如没有文理分科、鼓励学生拓宽知识面、提高基本技能和素质、采纳多元化的评价办法、充分考虑学校为学生提供的学习和社会实践机会对学生发展的影响、扩大招收偏远地区的学生、为大学多元化教育发展提供保证、增加学生的选择机会、减轻学生及其家长的经济负担等，都是很具有启发性的。

第八章　加州大学本科招生“综合评价”方法阐述①

一、入学考试及大学申请

美国政府部门和高校不负责组织大学入学考试，但许多考试服务中心提供各种学术技能考试。加州大学目前认可的入学考试成绩包括 SAT 和 ACT。SAT 和 ACT 都是标准化学术能力测试。SAT 基础部分包括阅读理解(Critical Reasoning)、数学(Math)和写作(Writing)。ACT 基础部分包括英语及写作(English with Writing)、数学、阅读和科学(Science)。美国绝大多数大学只要求学生提供 SAT 或 ACT 基础部分的考试成绩。但加州大学还要求申请学生提供至少两门 SAT 专业课(Subject)成绩，如化学、历史、物理等。

SAT 和 ACT 所有考试都是通过计算机完成。基础部分需要半天时间。SAT 和 ACT 每年分别提供 7 次和 6 次考试。学生可以参加多次考试。加州大学录取时只考虑各科合计最高的一次考试成绩。由于加州大学要求申请学生必须在每年 11 月 1 号到 30 号之间通过网络递交申请资料，申请秋季入学的学生，入学考试成绩必须在下一年元月底之前呈交申请学校，所以申请人必须在 12 月 10 日之前参加考试，并负责通知考试部门将其成绩直接转送申请

① 本章内容原发表于《清华大学教育研究》2007 年第 6 期。此处有删改。

学校。

加州大学允许学生同时申请加州大学的多所分校，但学生只需填报一份申请即可。加州大学申请表长达12页，其内容包括：个人信息（姓名、电子邮件地址、住址、服兵役状况、毕业学校、出生地、移民状况、语言状况等）；家庭信息（是否为加州居民、父母年收入、家庭人口、父母受教育状况、父母职业等）；就读高中信息（就读学校、时间、是否毕业等）；荣誉及参加课外活动情况（获奖情况、参加社会活动情况、义务劳动、社区服务、大学入学前准备情况、就业情况等）；学业成绩（初中七至八年级数学及语言成绩、高中九至十二年级所修课程及成绩、专长课程等）；个人陈述（求学目的、学术兴趣等）；是否申请奖学金；是否同意将自己的信息用于统计研究等工作。

申请递交后，申请者会很快通过电子邮件收到一份确认函。在3—5周后，申请者还会收到来自加州大学的一封感谢信。如果资料不全，申请学生同时还会收到一份有关需要增补申请资料的清单。申请学生若需要改动有关申请信息，必须书面通知所有申请的学校。申请秋季入学的学生将在3月份收到是否被初步录取的通知。已被初步录取的学生有一个月的考虑时间来决定是否愿意接受加州大学的录取。如果愿意，申请学生必须将高中成绩单报送加州大学。成绩单在核实无误后，申请者将最终得到正式录取。如果发现信息有误，初步录取资格将会被取消。没有被录取的学生有权提出质疑，要求加州大学重新审核申请材料，也可补充有关材料。如果认为申请程序不公，申请者也可起诉加州大学。另外，申请加州大学的学生也有可能同时申请其他大学，同类大学差不多在同一时间通知学生是否被录取。如果学生同时被多所大学录取，他们至少有一个月的时间选择他们最终要去的学校。决定去加州大学就读的学生需要在6月1日之前填交一份"同意入学声明"（Statement of Intent to Register），并缴纳100美元押金。被加州大学多所分校录取的学生，只能选择一所分校，即递交一份"同意入学声明"。

加州大学除了工程、计算机和科学专业要求学生在申请时必须明确专业外，绝大多数专业都不需要特别注明。学生入学之后，经过一年的通识教育（general education），对大学生活、学习环境，特别是对自己的学术兴趣和职业方向有了更明确的了解后，再申请自己所要攻读的专业和方向。各系、专业根据学生一年所修的课程以及成绩决定是否接受申请者到本系或专业攻读学士学位。学生在大学期间仍有转专业的机会。精力旺盛、能力超强的学生可同时就读两个甚至三个不同专业的学士学位课程。加州大学 2006 年毕业的本科生中有将近 4 000 名学生获得双学士学位，大约占本科毕业学生的 10%。

二、申请人合格性评定标准

和美国其他大学一样，加州大学根据学生的来源，将他们分为新生(freshman)和大学转学学生(transfer)。新生是指从来没有在大学注册过的高中毕业生，包括应届和往届毕业学生。转学学生则包括从其他所有大专院校转来的学生，这部分学生大约占每年新录取学生的三分之一。另外，加州大学也允许学生从一所分校转入另一所分校。这两类学生从学业完成情况来说差异很大，因此加州大学对这两类申请学生的录取评价标准也不同。

(一) 新生合格性评定标准①

每年申请加州大学的学生都超过了其 9 所分校所能容纳的学生数。因此，加州大学虽然欢迎和鼓励更多的学生申请就读本科，但并不是每一位申请学生都能够被录取。特别是申请伯克利和洛杉矶这两所分校的学生远远超过了其录取计划，因此使许多学生的梦想落空。但由于加州大学的录取标准不是针对某一所分校所定，而是对所有分校的申请学生按照同一标准进行评价和衡量，因此，对达到加州大学录取标准的学生，如果不能被所申请分校录取，加州大学将推荐申请学生到其他分校，并确保其至少被一所分校录取。

加州大学采用多种方式对新生的合格性进行评定。② 但无论采用哪一种

---

① 自从本文于 2007 年发表以来，加州大学已对其本科招生"综合评价"制度进行了部分修改和完善。其中最重要的两项改革是：1) 取消了对 SAT 专业课程成绩的要求；2) 将"地方合格性标准"的比例从 4%提高到 9%。这两项改革对加州大学本科招生有显著影响。具体内容参看本书其他章节。

② Paths to Admissions, (2007). http://www.universityofcalifornia.edu/admissions/undergrad_adm/paths_to_adm/freshman.html.

方法，其前提条件是申请学生必须修完高中课程，而且必须包括所有加州大学认可的课程。这些课程包括历史或社会科学（美国历史、世界历史、人文地理等，必修 2 年），英语（必修 4 年），数学（初、高等代数，平面、立体几何，必修 3 年，建议修 4 年），实验科学（生物、化学、物理等，必修 2 年，建议修 3 年），视觉和行为艺术（舞蹈、戏剧、音乐、美术等，必修 1 年），大学预备课（高级视觉和行为艺术课、历史、社会科学、英语、高等数学、实验科学和外语，必修 1 年）。

（1）地方合格性标准（Eligibility in the Local Context）。地方合格性标准是以同一所高中毕业的学生为评定基准。根据高中成绩，排名在前 4%的学生就算自动达到加州大学的本科招生标准。此项评定工作在十一年级（高二）结束后进行。符合地方合格性标准的学生，在每年 11 月份加州大学正式招生之前即可收到录取通知。符合地方合格性标准的学生必须在十一年级结束时圆满完成 11 门加州大学认可的课程。加州大学只保证为符合此项标准的学生提供入学机会，但不能保证申请学生能被所申请的分校以及专业录取。为了在择优录取中占有优势，学生仍然需要提供 SAT 或者 ACT 成绩，保证在高中毕业时维持 3.0 的平均绩点（即 GPA），并完成所有加州大学所要求的课程。

加州大学每年通过地方合格性标准录取的学生大约占 19%。一方面，这项标准的实施为地处偏僻、经济落后地区的学生，特别为毕业于大学升学率较低的高中的学生提供了步入加州大学继续深造的机会。另一方面，这种评定方法，有利于激发各个学校的地方办学特色，从而促进多元文化的发展。

（2）考试成绩合格性标准（Eligibility by Examination Only）。这种评定方法类似于我国通过高考成绩评估学生的方法。加州大学根据申请学生的 SAT 或 ACT 成绩确定其是否符合本科录取标准。首先，加州大学将申请学生的成绩转换成加州大学成绩。其转换方法是：

SAT 阅读理解＋SAT 数学＋SAT 写作＋SAT 两门不同的专业课成绩

或者

（ACT 数学＋ACT 阅读＋ACT 科学）×0.667＋ACT 英语及写作＋SAT 两门不同的专业课成绩

如果申请学生是加州居民，总分达到 410 分（相当于五门 SAT 总分 3 450，得分比率大约为 86%），每门转换成加州大学的成绩不低于 63 分（相当于 580 分，占总分成绩的 72.5%），即符合加州大学录取标准。如果申请学生是非加州居民，总分必须达到 425 分。如果申请学生已经修完了相应的大学专业课，且成绩在 C 以上，学生则可以不提供相应的专业课成绩。

许多研究表明，与综合考评方法相比，只通过入学考试评定学生是否合格的方法极具片面性。但事实也证明要想获得出色的考试成绩，特别是要在信度和效度较高的、考核知识和能力的考试中表现突出，考生确实需要具备较丰富的知识和较强的解决问题的能力。加州大学每年通过此项标准录取的学生大约占 12%。

(3) 考试成绩和高中成绩合格性标准（Eligibility in UC Score Index）。考试成绩和高中成绩合格性标准又称为“学业成绩标准”（Scholarship Requirement）。其评定标准要求申请学生必须有加州大学认可的高中课程成绩以及大学入学考试成绩（SAT 或 ACT）。如果申请学生是加州居民，高中成绩不能低于 3.0；如果申请学生不是加州居民，高中成绩不能低于 3.4。此项合格性标准是将加州大学成绩（换算方法同上）和高中成绩同时考虑。比如申请学生的高中成绩是 3.0，那么，加州大学的换算分数不能低于 223 分（五项 SAT 考试成绩平均在 470 分左右，大约占总分的 59%）；如果申请学生的高中成绩是 3.45，其加州大学的换算成绩不能低于 143 分（五项 SAT 考试成绩平均在 380 分左右，大约占总分的 48%）。

高中成绩和大学入学考试成绩相结合的评定方法是加州大学评定申请学生是否合格的主要方法。通过这种方法录取的学生每年大约占 67%。加州大学以及许多其他高校就高中成绩和大学学习成绩的相关性进行了一系列研究，结果表明高中成绩与大学学习成绩的相关性要远远高于大学入学考试成绩与大学学习成绩的相关性。因此，将高中成绩纳入大学招生评定标准，将提高学生成绩评估的准确性。另一方面，正如在前面“地方合格性标准”中提到的，将高中成绩纳入申请学生合格性评定标准体现了加州大学对中学地方办学特色的重视，以及对文化多元化进程的推动意向。

(4) 特殊才能合格性标准(Admissions by Exception)。加州大学自 1991 年起,允许每所分校每年可以根据实际情况通过此项标准招收计划录取学生总数的 6%,其中 4%应面向经济比较落后的地区和家庭,其余 2%则特别考虑由于特殊情况未能达到其他录取标准的学生,如退伍军人、残疾学生等。加州大学各分校有权确定申请学生是否符合特殊才能合格性标准。但加州大学建议各分校在利用此项标准时对以下情况进行考虑:1) 申请人由于个人或者家庭特殊情况未能达到加州大学的录取标准,但具有足够强的潜力,能够顺利完成加州大学的学习。这些情况通常包括个人的特殊学业成就、家庭经济原因、父母的受教育程度、毕业中学的教学条件落后等。2) 非综合性高中毕业的学生,由于受学校条件的影响,未能达到录取标准。但其在数学、写作、科学,或者语言等方面有特殊才能。这些学校包括继续学校、家庭学校、未正式经过教育鉴定部门审批的学校。3) 申请学生已经在表演艺术、体育、领导能力以及社区服务方面取得显著成绩,或者具有巨大的发展潜力。4) 申请学生的入学有促使大学建立新专业的可能性。5) 从学业成就的角度来看,申请人已经达到了加州大学的录取标准,但由于某些原因而失去了考试的机会等。

前面提到的三项标准都是通过量化(高中成绩和大学入学考试成绩)审核确定申请人是否符合加州大学的录取标准。这些评审标准虽然相对公平,但不能全面反映申请学生的特点。特别是对一些具有特殊情况的申请学生来说,这些量化方法无疑是一种"克星"。特殊招生办法弥补了这一缺陷。由于申请加州大学学生的具体情况每年不完全相同,所以每年通过特招录取的学生数量及其特征也不尽相同。2007 年,加州大学特招大约 1 600 名学生,占总招生人数的 2%。

(二) 转学学生合格性标准[①]

近年来,越来越多的大学本专科学生申请转入加州大学。加州大学主要接受完成本专科二年级学习的学生,并依据申请学生就读大学的平均成绩、所

① 加州大学每年录取的学生中有大约三分之一是社区学院的转学学生。本书第十一章"加州大学'专升本'招生评价方法"详细介绍了加州大学转学学生的录取制度和评价方法。

修大学课程的级别，以及大学学期成绩的进步趋势来评定其是否符合录取标准。申请学生必须完成60个学分的可以转入加州大学的课程，每门课成绩不低于2.4。申请学生人数超过录取计划时，加州大学将按照下面介绍的择优录取原则做最终决定。

三、择优录取原则

多年来，加州大学努力为符合录取条件的每一位加州学生提供入学机会。但每年申请的学生远远超过了其录取计划，特别是比较好的几所分校（伯克利、洛杉矶分校等）录取率都低于50%。因此，加州大学不能保证所有符合招生标准的学生都能被申请分校或专业录取。在这种情况下，加州大学采取综合评定、择优录取的原则做最终决定。

择优录取标准包括：1）高中普通课程，以及在高中时所学的其他加州大学认可的课程成绩。例如中学为具有较高智慧和才能的学生所开设的提高课程（honors courses）。2）SAT或ACT成绩。3）除了加州大学认可的普通高中课程以外的其他课程的数量、内容以及成绩。4）申请学生所修其他高级别的课程成绩，比如由大学委员会（College Board）和高中共同设计的课程（Advanced Placement），国际大学学士学位课程（International Baccalaureate），以及在大学选修的可转入加州大学的课程（Transferable College Courses）。5）符合地方合格性标准，即按照GPA排名在就读高中毕业学生的前4%。6）根据申请学生在高三年级时所学课程的种类、数量和成绩。7）根据申请学生所在学校提供教育机会的情况所评定的学习成绩。8）在某一学科方面的突出表现。9）在学科领域某一活动项目上的突出表现。10）在学科方面的突出进步，比如从九年级到十二年级所学课程的难度明显增大，但成绩有明显提高。11）艺术、传媒、体育、外语、外国文化等方面的特长、技能、兴趣、研究等。具有领导和管理的经验和才能，比如花费很多时间从事社区服务或者参加学生会工作，具有其他能够为校园文化发展做出突出贡献的才能。12）完成与高中课程或者与学校其他活动有关的课题。13）根据学生的生活经历或者特殊背景来评定学生的学术成就。14）学生高中毕业学校以及是否是加州居民。

加州大学各分校根据上面统一规定的择优录取标准，制定本校的具体操作方法和步骤。比如，圣迭戈分校和戴维斯分校依据这些标准，按不同的比重对符合加州大学录取要求的申请学生进行评分。在2007年之前，戴维斯分校的申请学生最高可得14 250分，其中高中成绩占4 500分；大学入学考试成绩占4 000分；高中排名前4%占1 000分；完成加州大学认可课程35门或以上占1 000分；具有较强个人学习动机占500分；积极参加社会活动占500分；如果是家庭第一代大学生占250分；非普通申请学生占250分；退伍军人占250分；具有领导才能和经验占500分；特殊才能占250分；个人困难及特殊情况等占250分；九年级至十一年级有明显进步占250分；身体残疾，但表现出较强的克服困难的意志占250分；等等。

又如，伯克利、洛杉矶等分校的评定方法和戴维斯分校的方法有所不同。这两所分校对每一指标没有明确的量化评分比重，而是由评审人员对所有申请资料进行全面综合审核。每份申请资料由两位评审人员审核，并分别评分。最高分为5分，表明申请学生非常优秀；最低分为1分，表明申请学生在某些方面表现不足。如果两位评审人员的评分不同，第三位评审人员将审核此份申请。然后按照评分结果做最终录取评定。评审人员来自不同的部门，如中小学、社区专科学校、大学，以及其他单位。评审人员在评审之前要参加一系列的专门培训，包括上面提到的详细评定指标、评分原则、评审模拟、评审结果比较等。

择优录取是对符合条件的学生进行进一步审核，也是对量化评审标准的补充和完善。择优录取原则较全面地反映了学生的内在特征，比如特殊才能、领导组织能力等。表8-1、表8-2分别显示了加州大学9所分校SAT平均成绩和GPA成绩分段录取学生数占申请学生数的比例。从总体来看，无论是SAT，还是GPA，成绩越高，则录取率也越高。但这些统计数据同时也表明有的学生尽管考试成绩较低，仍然有希望被很好的分校录取。比如SAT成绩在200—399的学生，仍然有5.1%的比例被伯克利分校录取。相反，成绩在

700—800 的学生被伯克利分校拒绝的比例也高达 48.5%。同样,高中 GPA 成绩低的学生也有机会被好学校录取。由此可见,加州大学的综合评价方法向所有高中师生及学生家长所传递的信息是:要想在大学申请竞争中脱颖而出,不仅仅要博学多才,在入学考试中取得突出的成绩,而且要全面发展,从多方面充实自己,力争上游。

表 8-1　加州大学 9 所分校 SAT 平均成绩分段录取学生数占申请学生数的比例

项目	200—399	400—499	500—599	600—699	700—800
伯克利分校	5.1%	9.5%	13.5%	23.7%	51.5%
戴维斯分校	42.9%	43.5%	46.5%	73.5%	92.3%
洛杉矶分校	1.5%	6.7%	10.5%	23.7%	60.8%
河滨分校	89.8%	94.6%	96.0%	97.5%	98.3%
圣迭戈分校	11.4%	18.5%	24.6%	50.1%	82.0%
圣塔芭芭拉分校	81.3%	78.0%	86.7%	94.6%	96.2%
圣塔科鲁兹分校	23.6%	39.2%	40.3%	72.1%	92.2%
尔湾分校	16.6%	33.3%	51.7%	74.1%	89.5%
莫赛德分校	96.7%	97.9%	98.8%	99.0%	99.0%

数据来源:加州大学本科学生数据库(Corporate Student System)。

表 8-2　加州大学 9 所分校 GPA 成绩分段录取学生数占申请学生数的比例

项目	<3.00	3.00—3.24	3.25—3.49	3.50—3.74	≥3.75
伯克利分校	2.4%	2.1%	3.0%	4.5%	38.0%
戴维斯分校	15.2%	24.4%	38.2%	57.5%	87.0%
洛杉矶分校	1.7%	2.2%	2.9%	4.9%	37.5%
河滨分校	92.4%	95.0%	96.7%	96.7%	97.6%
圣迭戈分校	1.0%	3.1%	8.8%	20.1%	68.5%
圣塔芭芭拉分校	60.5%	79.8%	91.8%	96.2%	97.6%
圣塔科鲁兹分校	26.2%	8.3%	16.0%	31.6%	77.9%
尔湾分校	2.6%	6.1%	28.8%	67.0%	91.3%
莫赛德分校	96.5%	98.2%	99.2%	99.1%	99.2%

数据来源:加州大学本科学生数据库。

四、总结、启示和建议

加州大学作为美国公立大学的佼佼者，在教学、科研以及社会服务等方面所取得的辉煌成绩举世瞩目，而这所有的一切与其系统科学的本科招生制度密不可分。加州大学的本科招生工作从学生、家长以及社会的实际需求出发，通过对申请者的知识、技能以及人格特征进行多元化综合考评，并兼顾家庭及社会因素对学生学习以及成长的影响，同时尽可能为学生提供更多的选择学校和专业的机会，从而形成了一个科学竞争、择优录取的综合评价制度。这种制度有助于大学招收全面发展且具有真才实学的学生，进而促进多元文化的发展，鞭策中小学加强素质教育、开拓学生的创新意识和探索精神。但不可否认，大学招生作为衡量学生的基本素质、知识技能以及学术创业潜能的复杂工程，其相关制度很难达到完美无瑕。加州大学的综合评定方法也不例外。特别是考虑到中美两国初高等教育体制、现实社会人文特征以及经济条件等的差异，加州大学本科招生所总结的经验恐怕对我国本科招生制度的改革还不足为训，但其许多优点仍值得我们借鉴，以纠偏补弊。

1977 年，我国恢复高考制度。四十多年来，这种通过高考成绩录取大学生的办法，确实发挥了积极作用。特别是和"文革"期间的"推荐上学"相比，从评估学的角度来讲，更加严谨公平。但目前的社会经济状况、初高等教育发展规模和办学模式，均已今非昔比，不可同日而语。显然，当前的招生制度，特别是大学入学考试办法，已不利于中国高等教育向国际化迈进，更无助于培养 21 世纪所需要的人才，甚至在某种程度上已成为制约人才培养的障碍。因此，中国大学招生制度改革的必要性已是不争的事实。实际上，近几年来，教育部门和部分高校已在这方面做了许多探索和尝试，但无论是改革力度，还是改革效率，都未能到位，甚至可以说是收效甚微。例如，复旦大学、上海交通大学从 2006 年开始尝试以考试成绩为辅、面试成绩为主的招生办法，虽然这是一种进步，但仍然没有摆脱单一性量化评定的束缚。

首先，大学招生管理体制需要彻底改革。招生权力下放，增强大学招生自主权是改进招生工作的必经之路。中国目前实施的由各省份统一组织的招生办法完全将大学和学生隔离开,使这一工作变得"神秘"化,失去了大学招生应有的透明度。大学自主招生将有利于大学和申请学生之间进行广泛沟通和交流,增强彼此之间的了解。因此,大学自主招生,对作为客体的学生来说有利于更好地选择适合自己的学校和专业,对作为主体的学校来说有助于更全面了解学生的需求,并由此来做出相应的招生决定和资助决定,为将来更好地实施教学工作奠定基础。主客体均获益,何乐而不为?另外,最直接受大学招生影响的就是教师和学生,因此,招生制度的制定应广泛吸纳教师和学生参与,听取他们的意见和建议,不应该是由政府单方面操控实施。招生自主权下放到学校,教师和学生的参与机会必然会增多。这种招生管理体制的转型已在部分省份和高校尝试,在全国范围内实施已是大势所趋,指日可待。为此,大学需要尽早了解这方面的信息,提前做好这方面的准备。这对将来顺利转型招生机制、圆满完成招生工作定有裨益。

其次,大学入学考试成绩作为招生衡量标准现在还不能完全取消,但考试内容、形式以及管理等亟待改进。众所周知,通过考试评定学生的成绩虽然不是最完美的方法,但在世界各地各级学校仍然是最主要的方法之一。因此,在没有更有效的评定方法出笼之前,考试仍然是一种非常重要的评定学习成绩的方法,也是大学招生不可或缺的量化指标之一。但我国当前的高考模式确实存在许多不足之处。例如,考试内容和方式陈旧呆板,考试舞弊现象仍未消失,等等。这些弊端给中国大学招生工作蒙上了阴影。为了提高对申请学生评估的可信性和有效性,考试管理机制应逐渐由政府行为向非政府行为过渡,也就是由目前的政府组织考试转变为由非政府部门开办的教育考试服务部门组织招生考试,或者说目前的考试中心应从教育行政部门完全脱离出来。美国教育考试服务中心的成功实例早已证明非政府部门完全有能力承担这一工作。考试管理部门和招生部门分离有利于将竞争机制引入考试机构,可避免考试舞弊现象。考试内容也应由目前的侧重知识考核向技能考核倾斜,取消文理分科,缩短考试时间。考题应向标准化靠拢,并将计算机技术应用到考试中,以避免考试作弊以及手工阅卷所造成的误差。增加考试次数,让考生有更多的机会参加考试，并选择适合自己的考试时间。一年只为学生提供一次参加考试的机会对学生和大学既不公平又不合理。学生若有任何闪失，将会耽误一年的时间，大学也可能因此失去一位优秀学生。2007 年，某考点将一位迟到几分钟的考生拒之考场门外。可知这位考生不仅仅是失去了一次考试机会，他失去的是一年的宝贵青春，甚至是希望和未来。

最后，废止对申请学生进行“一考定终身”的单一性量化评定方法，采纳多元化的全面综合评定方法。有人错误地认为中国目前的大学升学考试是最“平等的竞争舞台”。其实稍加思索就会发现，这种结论源于不懂心理学，不懂社会发展特征。一方面，从心理学的角度来说，人的性格有内外向之分，情绪有低高潮之别，考试焦虑程度也迥然不同。因此，以一次考试来决定学生的整个学业成绩具有较高的偶然性。另一方面，从整个国家地理区域分布以及经济发展来看，城乡差别仍然十分明显。恐怕这种差别在未来也很难完全排除。这给教育带来的最直接和最严重的问题就是资源分配极为不均。有谁能相信一所贫困边远地区的中学在办学条件和师资力量上能和一所省会重点中学相媲美？既然如此，拿同一把尺子来衡量来自两所不同学校的学生，有何平等而言？因此，如何将学生就读学校以及当地其他的社会经济因素纳入大学录取的评定标准值得我们思考。不仅如此，“一考定终身”的单一性评定方法严重遏制了初等教育办学的地方多元化特色以及学生的个性发展，更谈不上促进素质教育的实施。中学以大学入学考试为目的，小学以中学教学方法和培养方向为模式，级级培养学生的应试能力，最终形成了一种“格式化”教育体制。在这个体制中，每一个低级别的学校成为高级别学校的“原料加工厂”。照此下去，我们失去的不仅仅是多元文化，更重要的是失去了培养学生基本素质、创造能力和探索精神的教育环境。

完整公平的高考制度不仅有利于优秀人才的选拔，同时也有利于社会稳定和经济发展。中国高等教育要面向世界，争创一流水平，大学招生制度必须要科学化、合理化。因此，如何将国外的成功经验与我国的实际情况相结合，从高校办学的目标、任务和特征出发，以人才培养的多元化、科学化理论为依据，对高校招生制度进行循序渐进的改革，是值得每一位高校管理工作者，以及致力于高等教育研究的学者们深思和探讨的问题。

第九章　加州大学利用高中成绩和入学考试成绩确定学生合格性的方法[①]

一、加州大学要求的高中课程及其 GPA 的计算办法

加州大学根据申请人在申请大学时提供的有关十年级至十一年级的高中课程科目、注册修习课程学年数以及字母成绩来计算他们的高中 GPA(如表 9-1 所示)。由于各学校的课程内容和教学计划有很大差异,因此,申请学生提供的能够用来计算高中 GPA 的课程必须是就读学校预先呈报加州大学并经审核批准的课程。能力强的学生可以从七年级开始选修这些课程。例如,2007 年秋季申请加州大学的学生中大约有一半的学生从七年级至八年级就开始选修高中数学,大约 20%的学生同时开始选修高中外语课程。另外,申请学生在高中最后三年所修的加州大学认可的、最多不超过 8 门的"荣修课程"[②](honors courses)的成绩也可和表 9-1 中列举的课程成绩一起用来计算 GPA。这 8 门课程由申请学生从 AP 课程、IB 课程、高级别的中学课程以及大学级别的课程中选取。由于这些课程的难度高于中学普通课程的难度,因此,在计算 GPA 时,字母成绩转换成分数成绩的标准是:A=5,B=4,C=3。

---

① 本章内容原发表于《考试研究》2008 年第 3 期。此处有删改。

② "荣修课程"(honors courses)是指从内容和学习课时都超过高中必修的普通课程的一些高级别的课程,如大学委员会的先修课程,国际学位课程,高中自己开发设置的、内容达到大学基础课程要求的课程,高中阶段选修的大学课程。

成绩低于C的课程不能用来计算高中GPA。在2007年秋季申请加州大学的学生中，大约有94%的学生至少完成一门“荣修课程”。

表 9-1　加州大学对高中课程的要求

科目	学年	基本内容
历史与社会科学	2	包括一学年的世界历史、文化和历史地理，一学年的美国历史或者半学年的美国历史和半学年的公民学或美国政府概况
英语	4	四年大学预备英语课，包括规范化写作、古典与当代文学阅读
数学	3	三年大学预备数学课，初等和高等代数，两到三年的几何
实验科学	2	两年的实验科学，包括生物、化学和物理
外语	2	任选一门外语
艺术	1	舞蹈、戏剧、音乐或观赏艺术（绘画、摄影、雕刻、建筑等）
大学预备选修课	1	从上面六门课中任选一种，但课程难度要高一级别

二、高中GPA以及标准化考试成绩与大学成绩的相关性

在美国，高中GPA和标准化考试成绩对大学学习成绩的效度研究已有许多年的历史。绝大多数研究的预测变量包括SAT和高中GPA以及其他与申请学生的社会经济背景有关的因素，效标变量则是大学一年级的成绩（GPA）。选择大学一年级的成绩作为效标变量的主要原因是大学一年级学生所选的课程非常相似，因此最大限度地降低了由于学生修课不同而造成的成绩的可比性误差。[①]

表9-2展示的统计数据是大学一年级学生的高中GPA和SAT成绩与他们的大学学习成绩的校正性和非校正性效度系数。这项效度分析是20世纪80年代中期完成的，研究对象包括38所大学的46 379名学生。[②] 校正性和非校正性分析结果都表明高中GPA对大学一年级成绩的预测性效度系数高于

① CAMARA W J, ECHTERNACHT G. The SAT Ⅰ and high school grades: Utility in Predicting Success in College. Research Notes, RN-10, July 2000.

② RAMIST L, LEWIS C, MCCAMLEY-JENKINS L. Student group differences in predicting college grades: Sex, language and ethnic groups. College Board Research Report No. 1993-1. New York: College Entrance Examination Board.

SAT 成绩的预测性效度系数。其中对女生来说，这些变量对大学成绩的预测效度系数更高。由于这些学校都不要求学生提供 SAT Ⅱ 的考试成绩，因此，此项研究仅包括 SAT Ⅰ 的效度分析。

表 9-2 高中 GPA 和 SAT 成绩与大学新生学习成绩的校正性和非校正性效度系数

预测变量	非校正性效度系数			校正性效度系数		
	所有	男	女	所有	男	女
SAT 语言＋SAT 数学	0.36	0.35	0.41	0.57	0.56	0.62
高中 GPA	0.39	0.38	0.40	0.61	0.58	0.61
SAT 语言＋ SAT 数学＋高中 GPA	0.48	0.46	0.50	0.68	0.65	0.71
SAT 增加值	0.09	0.08	0.10	0.07	0.07	0.10

加州大学从 1968 年开始接受 SAT 考试成绩，多年来对高中 GPA 以及标准化考试分数对大学成绩的相关性进行了长期的研究①，其中有关 SAT Ⅱ 对大学成绩的相关性研究尤其具有独特的价值和意义。表 9-3 中回归分析的 R 平方值和标准系数显示，利用高中 GPA、SAT Ⅰ 和 SAT Ⅱ 成绩单独预测 1996—1999 年所有新生的成绩时，在不控制其他可能有影响的因素（家庭背景、毕业学校、族裔等）的情况下，SAT Ⅱ 所能解释的大学成绩的变化最显著（16.0%），其次是高中 GPA（15.4%），SAT Ⅰ 所能解释的变化最不显著（13.3%）。如果按年代分析，其中有两年，高中 GPA 所解释的大学成绩变化量最显著。如果将这三种变量同时用来预测大学成绩，R 平方值比任何一种变量单独预测大学成绩时的 R 平方值高出 6—9 个百分点。

表 9-3 高中以及标准化考试成绩对大学新生成绩变化预测的 R 平方值和标准系数

预测变量/回归方程标准系数	1996	1997	1998	1999	1996—1999
高中 GPA	17.0%	16.7%	14.7%	12.9%	15.4%
SAT Ⅰ	13.8%	10.8%	12.2%	14.2%	13.3%

① GEISER S, STUDLEY R. UC and the SAT: Predictive validity and differential impact of the SAT Ⅰ and SAT Ⅱ at the University of California. In R. Zwick (ed), Rethinking the SAT: The Future of Standardized Testing in University Admissions. New York: Routledge-Falmer, 2004.

（续表）

预测变量/回归方程标准系数	1996	1997	1998	1999	1996—1999
SAT Ⅱ	16.4%	14.4%	15.6%	16.4%	16.0%
SAT Ⅰ+SAT Ⅱ	16.7%	14.4%	15.6%	16.8%	16.2%
高中 GPA+SAT Ⅰ	21.9%	20.1%	19.2%	20.4%	20.8%
高中 GPA+SAT Ⅱ	23.0%	21.7%	21.1%	21.5%	22.2%
高中 GPA+SAT Ⅰ+SAT Ⅱ	23.2%	21.7%	21.1%	21.9%	22.3%
在高中 GPA+SAT Ⅰ+ SAT Ⅱ 回归方程中，各项预测指标的标准系数					
高中 GPA	0.29	0.30	0.26	0.24	0.27
高中 SAT Ⅰ	0.07	0.01 *	0.02 *	0.11	0.07
高中 SAT Ⅱ	0.21	0.24	0.26	0.22	0.23

注：星号表示在回归方程中，相应变量对大学成绩的预测效度不显著，$p > 0.01$。

图 9-1 从另一个角度显示了 SAT Ⅰ和 SAT Ⅱ在不同的情况下对大学成绩的预测效度。第一组回归线（③和④）显示，在高中 GPA 和其他成绩得以控制的情况下，SAT Ⅱ 对大学成绩的预测度是 SAT Ⅰ的 3 倍。也就是说，每当 SAT Ⅱ成绩增加 100 分，大学成绩将增加 0.18 分，而当 SAT Ⅰ增加 100 分时，大学成绩仅增加 0.05 分。第二组回归线（②和⑤）显示了在高中 GPA、其他考试成绩以及家庭因素得到控制的情况下，SAT Ⅰ及 SAT Ⅱ与大学成绩之间的关系。在这种情况下，SAT Ⅱ对大学成绩的预测度是 SAT Ⅰ的 10 倍。第三组回归线（①和⑥）显示，在对高中 GPA、其他成绩、家庭背景以及学生入学、族裔等因素控制的情况下，SAT Ⅰ几乎对大学成绩没有预测性；相反 SAT Ⅱ的预测度却有所增加。这表明 SAT Ⅱ对大学成绩的影响非常大，而且受其他因素的干扰很小。

表 9-4 显示了高中 GPA 和标准化考试单科成绩与不同专业的学生学习成绩之间的关系。从回归方程标准系数可以看到，高中 GPA 对所有专业学生的学习成绩的预测性都高于所有标准化考试单科成绩。另外，SAT Ⅱ写作对未确定专业和人文社科专业学生的学习成绩预测性也较显著，而 SAT Ⅱ数学对生物科学、理学、数学和工程专业的学生的学习成绩有较强的预测性。SAT Ⅰ除了对生物科学专业学生的学习成绩有显著的预测性外，对其他专业学生学习成绩的预测性都不显著。

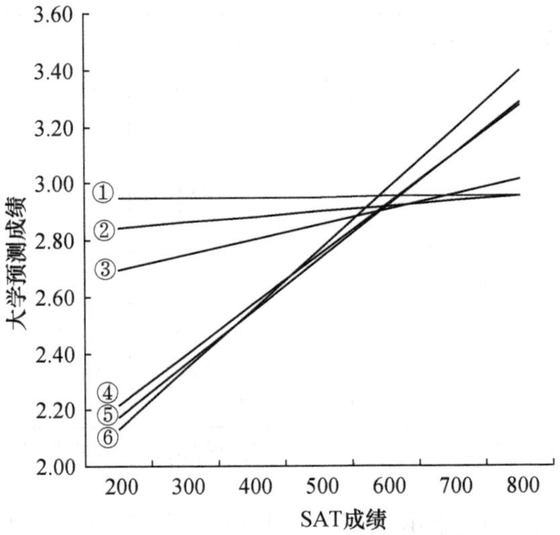

图 9-1　标准化考试成绩与大学新生成绩在不同影响因素得以控制的情况下的相关性

注释：图中高中 GPA 和标准化考试成绩与大学新生学习成绩关系的回归线从上至下编号为①—⑥，所代表的回归方程如下：

第一组回归线：控制高中 GPA 和 SAT Ⅱ或 SAT Ⅰ成绩

③ UCGPA=0.000530(SAT Ⅰ)+2.5891

④ UCGPA=0.00210(SAT Ⅱ)+1.7134

第二组回归线：控制高中 GPA、SAT Ⅱ或 SAT Ⅰ成绩、家庭收入和父母的受教育程度

② UCGPA=0.000186(SAT Ⅰ)+2.8054

⑤ UCGPA=0.00185(SAT Ⅱ)+1.8046

第三组回归线：控制高中 GPA、SAT Ⅱ或 SAT Ⅰ成绩、家庭收入、父母的受教育程度、种族、学年、注册学校等

① UCGPA=0.000013(SAT Ⅰ)+2.9435

⑥ UCGPA=0.00176(SAT Ⅱ)+1.8653

表 9-4　高中 GPA 以及标准化考试单科成绩对不同专业学生的学习成绩的影响(回归方程标准系数)

测量变量	未确定专业	人文社科	生物科学	理学、数学、工程	综合
高中 GPA	0.27	0.28	0.31	0.29	0.27
SAT Ⅰ语言	0.06	0.10	0.04	0.06	0.05
SAT Ⅰ数学	0.02*	0.00*	0.07	0.02*	0.10*
SAT Ⅱ写作	0.18	0.16	0.10	0.10	0.18
SAT Ⅱ数学	0.02*	0.05	0.14	0.15	0.02
SAT Ⅱ第三科考试	0.08	0.07	0.10	0.12	0.09

注：星号表示在回归方程中，相应变量对大学成绩的预测效度不显著，$p > 0.01$。

高中 GPA 和 SAT Ⅰ之所以对大学成绩的预测效度差异显著，是由于两种考试方法以及所测评的内容存在差异。高中考试是测评学生利用他们已经学过的知识以及反复练习过的技能解决他们所熟悉的问题的能力，同时在某种程度上也测评了学生的非认知能力以及学生的个性特征、出勤情况、学习动机[①②]，等等；而 SAT Ⅰ则是测评他们的认知技能，即应用推理技能解决他们不熟悉的问题的能力。[③] 从"流体"与"晶体"智慧理论的角度来剖析[④]，SAT Ⅰ 测量的是学生的"流体"智慧，即推理能力以及对复杂概念之间的关系的理解程度等；而高中考试测量的是学生的"晶体"智慧，即知识、技能以及经验等（图9-2）。[⑤⑥]美国大学一年级学生都必须选修"通识教育"（general education）课程，考试也基本围绕授课内容进行，因此学生的 GPA 基本上反映了学生掌握课程内容的情况，但由于评价方法的多样性和灵活性，其结果在一定程度上也反映了学生的非认知能力。[⑦] 因此，大学一年级的 GPA 与高中 GPA 的相关性要比与 SAT Ⅰ的相关性显著。

---

① GOLDMAN R，WIDAWKI M. A within-subjects technique for comparing college grading standards：Implications in the validity of the evaluation of college achievement. Educational and Psychological Measurement. 1976(36)：381-390.

② STIGGINS R，FRSBIE D，GRISWOLD P. Inside high school grading practice：Building a research agenda. Educational Measurement：Issues and Practice. 1989，8(2)：5-14.

③ LOHMAN D. Aptitude for college：The importance of reasoning tests for minority admissions. In R. Zwick (ed)，Rethinking the SAT：The Future of Standardized Testing in University Admissions. New York：Routledge-Falmer，2004.

④ CATTELL R B. Intelligence：Its structure，growth，and action. New York：Elsevier Science Pub. Co. 1987.

⑤ CAVANAUGH J C，BLANCHARD-FIELDS F. Adult development and aging (5th ed.) Belmont，CA：Wadsworth Publishing/Thomson Learning，2006.

⑥ LOHMAN D. Aptitude for college：The importance of reasoning tests for minority admissions. In R. Zwick (ed)，Rethinking the SAT：The Future of Standardized Testing in University Admissions. New York：Routledge-Falmer，2004.

⑦ NOBLE J，SAWYER R. Is high school GPA better than admission test scores for predicting academic success in college? College and University Journal. 2004(79)：17-22.

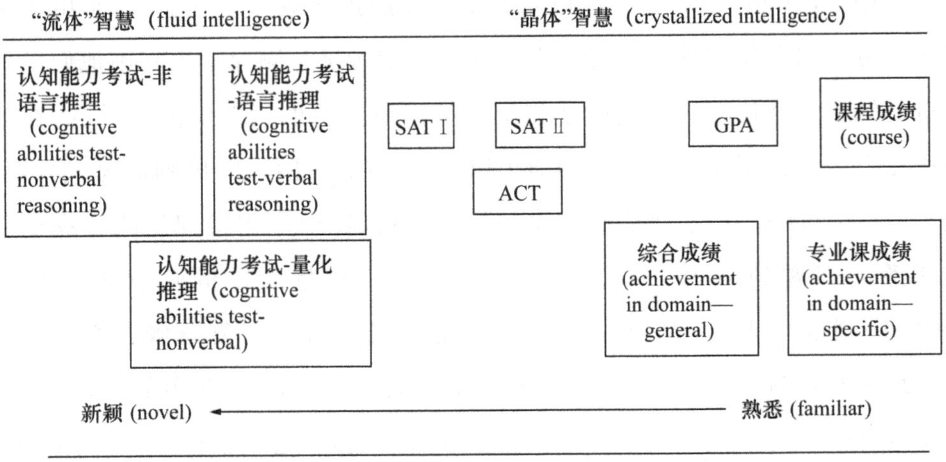

图 9-2 "流体"与"晶体"智慧模型

三、利用高中 GPA 和标准化考试分数确定申请学生合格性的方法

根据加州《高等教育总体规划》①，加州大学每年必须录取从加州公立学校毕业的排名在前 12.5%的高中毕业生。加州大学根据这一要求以及申请学生的具体情况来确定最低高中 GPA 和标准化考试分数线，以及二者在不同区间的相对最低分数。由于有的学生提供 SAT 成绩，有的学生提供 ACT 成绩，所以加州大学在确定申请学生的合格性时先将标准化成绩转换成加州大学分数。其转换方法是先将标准化考试的单科成绩按照加州大学分数转换表换算出相应的加州大学分数②，然后再将单科成绩相加得到加州大学分数。如果学生提供 SAT 成绩：

加州大学分数＝UCSAT 阅读＋UCSAT 数学＋UCSAT 写作＋UCSAT SⅠ＋UCSAT SⅡ

① A master plan for higher education in California：1960—1975. The University of California. http://www.ucop.edu/acadinit/mastplan/mp.htm

② SAT Test Score Translation and ACT Test Score Translation. http://www.universityofcalifornia.edu/admissions/undergrad_adm/paths_to_adm/freshman/scholarship_reqs.html

如果学生提供ACT成绩：

加州大学分数=(UCACT数学+UCACT阅读+UCACT科学)×0.667+UCACT英语和写作+UCSAT SⅠ+UCSAT SⅡ

公式中的每一部分代表标准化考试单科成绩转换后的加州大学分数。UCSAT SⅠ和UCSAT SⅡ分别代表一门SAT专业课成绩的加州大学分数。如果学生同时提供SAT和ACT成绩，加州大学将取转换后的最高分数作为确定合格性的成绩。也有的学生可能参加多次标准化考试，在这种情况下，加州大学将选择总分最高的一次考试成绩来计算加州大学分数。

在计算出转换分数后，加州大学利用逻辑回归(logistic regression)数学模型以及申请学生数和计划招生数来确定高中GPA和加州大学分数的最低分数线以及二者在各个区间的最低分数。逻辑回归方程的预测变量包括高中GPA和加州大学分数，结果变量是学生第一年的成绩(大于等于2.00和小于2.00)。经估算，第一年的GPA成绩等于或者大于2.00的概率在70%以上的学生将保留在预定录取范围内，然后再确定高中GPA和加州大学分数在每个区间的最低分数。显然，高中GPA越高的学生，达到70%概率所需要的加州大学分数就越低；相反，高中GPA越低的学生，达到70%概率所需要的加州大学分数就越高。当然，一般情况下，这两项成绩是呈正相关，即高中GPA越高，加州大学分数也越高。

根据上述方法计算，加州大学2007年秋季招生的高中GPA最低分数为3.0，但每个区间相对应的加州大学最低转换分数不同(图9-3)[①]。图中虚线以内所包括的学生符合加州大学的录取标准。弧线上交点上面的数字表明了不同区间最低的加州大学分数，相对应的最低高中GPA标在横坐标上。例如，如果申请学生的高中GPA是3.0，那么，这位学生的加州大学分数不能低于223(相当于5项SAT考试成绩的总计为2 338分，大约占总分的59%)；如果申请学生的高中GPA在3.45以上，那么，这位学生的加州大学分数达到143即可(相当于5项SAT考试成绩的总计为1 858分，大约占总分的48%)。

---

① STUDLEY R. The UC score(unpublished work paper), 2007.

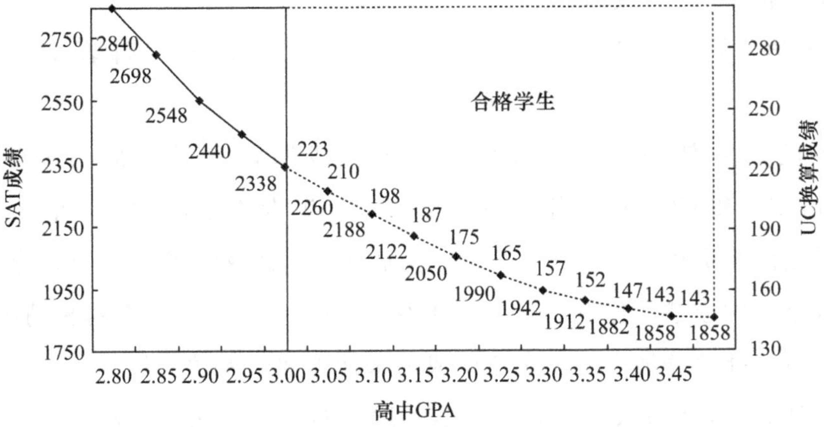

图 9-3　加州大学申请学生高中 GPA 和标准化考试分数合格性确定指标

需要说明的是，上面描述的方法仅仅是用来决定申请学生是否达到加州大学的录取标准。对达到标准的学生，加州大学进一步采取综合评定择优录取的原则做最终录取决定①，因此，加州大学不能保证一定能按学生的申请学校或者专业来录取。如果这些学生未被申请学校或者专业录取，加州大学将会介绍他们到加州大学的其他分校，并确保至少有一所学校录取这些学生。

四、对我国大学招生改革的启示

大学招生改革是一项复杂的系统工程，不仅涉及招生工作本身，更重要的是会触动整个初高等教育体制，可谓牵一发而动全身。本章仅介绍了加州大学利用高中 GPA 和标准化考试分数来确定申请学生合格性的方法，其经验或许对我国将高中成绩纳入大学招生评价体系的探究和具体操作有些许参考价值和启示。

首先，将高中成绩纳入申请学生的合格性评价体系是我国大学招生改革的必由之路。但在我国目前的形势下，如何能合理地将高中成绩纳入到这一评价体系中，仍然需要管理和研究部门进行深入的探索和论证，且不可操之过

① 常桐善. 美国加利福尼亚大学本科招生综合评定方法阐述. 清华大学教育研究，2007(6)。

急。中美两国基础教育管理和评估体制有很大的区别。例如，在美国，许多州都有法律明确规定，教师的教学绩效评估不能以学生的成绩或者说大学升学的优劣作为标准。尽管如此，高中 GPA“膨胀”的现象已越演越烈，对合理评价学生的真实成绩构成了威胁。在我国，高中毕业生的大学升学率几乎是评价学校优劣以及教师教学质量的唯一标准。在这种情况下，如果把高中成绩简单地纳入大学申请学生的合格性评价，高中成绩的“天花板效应”将很难避免。

其次，高中会考成绩不能用来替代高中成绩。有的省份已计划利用高中会考成绩和大学入学考试成绩结合来评价申请学生的知识和能力。可以肯定这种方法要比单纯利用大学入学考试更合理。但我们也应该认识到，高中会考成绩和高中成绩有本质的区别。从建构主义教学及其评价方法来说，高中成绩是形成性评估、过程评估以及总结性评估和结果评估相结合的产物，而会考成绩则是通过单一性结果评估来完成的。从考核学生知识和能力的角度来说，高中成绩不仅反映了学生的知识掌握程度，也在一定程度上反映了学生的非认知能力，如参与意识、合作能力、组织协调能力、创造能力，等等；而会考成绩却单纯反映了学生的知识水平。从利用上述两种成绩进行大学录取对高中教育产生的影响来说，选择高中成绩更有利于促进素质教育以及非认知能力的提高；而依靠会考成绩仍然摆脱不了“应试教育”的束缚。

最后，大学入学考试不能取消，但考试内容亟待改革。我国目前的大学招生考试仍然是以考核学生的高中知识为主。在这种情况下，从统计学的角度来说，高中成绩与大学入学考试成绩的相关性将非常显著。因此，二者对预测大学成绩（知识水平）的效度应该非常相似，如前面描述的加州大学学生的高中 GPA 和 SAT Ⅱ的成绩与一年级的 GPA 的相关性一样。由此，如果把高中成绩纳入大学招生的评价体系，标准化考试的作用将仅仅局限于对高中成绩误差的校正，仍然没有起到对学生完成大学教育潜能的预测作用。因此，在探讨高校如何将高中成绩纳入大学招生的评价体系的同时，也应该考虑如何改革大学入学考试的模式，增加对学生能力的测评比重。只有双管齐下，才能使高中成绩和大学入学考试分数在更加合理、公允的评价体系中各自发挥其作用。

第十章　加州大学本科招生“地方合格性标准”阐述[①]

一、ELC 学校及学生的确定方法

（一）ELC 学校的确定方法

加州所有的中学以及其他招收高中学生的学校都可申请加入地方合格性标准(Eligibility in the Local Context,简称 ELC)项目。但加州大学对申请学校进行严格审核,并最终确定 ELC 学校。确定标准主要包括:(1) 必须是美国西部学校和大学协会(WASC)认证通过的正式学校,或者是该协会的候选认证学校。(2) 必须预先向加州大学提供学校开设的所有课程名单及课程内容介绍,以备加州大学对申请学生在毕业学校完成的高中课程进行评价。(3) 必须有能力开设加州大学招生所要求的所有高中课程:两年历史或社会科学,四年英语,至少三年数学,两年实验科学(生物、化学和物理),至少两年外语,至少两年艺术,至少一年大学预备选修课程。对中学来说,达到这些要求并不困难。ELC 政策实施的第一年,大约 97%的加州公立中学都达到了这一标准,并加入了这一招生项目。其中有许多学校在加入这一招生项目之前从未向加州大学输送过学生。

① 本章内容原发表于《清华大学教育研究》,2009 年第 3 期。此处有删改。

（二）ELC 学生的确定方法[①]

虽然 ELC 学校的学生都有权参加 ELC 项目，但他们也可以选择不参加。决定参加的学生必须得到家长的书面许可。由于 ELC 学生的评价和确定过程历时较长，因此加州大学要求 ELC 学校在高中学生完成十一年级（相当于我国的高二）后，将初步确定的 ELC 学生名单以及他们完成的高中修课内容和取得的成绩报加州大学供评价。加州大学要求各学校按照实际 ELC 学生人数的 3 倍上报供加州大学评价的学生名单及相关资料。换言之，加州大学并不是对所有学生的 ELC 合格性进行评价，因此，各学校必须对参加 ELC 项目的学生进行初步筛选。另外，由于每所学校的实际 ELC 学生数是根据该校的高中毕业人数计算所得，但加州大学的评价是发生在十一年级结束后，因此加州大学计算每所学校的实际 ELC 学生人数时所利用的高中毕业人数是以十一年级的学生人数为基数估算得到的。估算方法是利用前三年的平均毕业率乘以十一年级的学生数。如果是新学校，毕业率将按照 100%计算。如果不是新学校，但由于某种原因无法计算前三年的毕业率，那么该校的毕业率按其所在学区或县的平均毕业率计算。计算 ELC 学生数的公式为：

ELC 学生数＝十一年级学生数×前三年的平均毕业率×4%

不足 1 人者按 1 人计算。

加州大学评价 ELC 学生的内容主要包括申请学生从九年级到十一年级所完成的课程及其成绩。这些课程除了包括加州大学认可的高中课程外，也包括其他课程，诸如由美国大学委员会和高中共同设计的先修课程（AP），国际大学学士学位课程（IB），以及在大学选修的可转入加州大学的课程（transferable college courses）。加州大学以每位学生完成的符合加州大学要求的课程成绩为基础计算出他们的平均 GPA，然后根据平均 GPA 对每所学校的学生进行排名，并最终确定 ELC 学生。合格的学生在十二年级第一学期开学

① ELC 百分比在 2012 年从 4%提升到 9%后，学生的确定方法有很大的变化，但仍然保留了基本的确定过程和评价标准。

时(大约在 8 月份)便可收到加州大学的 ELC 合格学生通知。

2007 年,达到 ELC 标准的学生共计 1.59 万,占加州高中毕业生的 3.97%,其中公立中学毕业生占 92%。毕业于公立中学的 ELC 学生中,来自于排名在后三类学校(加州中学排名共分 10 类)的学生大约占 1/4。在所有合格学生中,来自于农村学校的学生大约占 15%,这个比率与农村中学毕业生占所有高中毕业生的比率基本持平。

二、加州大学录取 ELC 学生的标准及招生结果分析

(一) 加州大学录取 ELC 学生的标准

ELC 合格学生通知并非加州大学的正式入学录取通知。要获得加州大学的正式录取,ELC 学生仍然需要向加州大学提出正式申请。另外,加州大学还要求这些学生为了确保其合格的有效性,必须圆满完成十二年级的所有课程,毕业时平均 GPA 不能低于加州大学要求的最低成绩。对不能圆满完成十二年级课程的学生,加州大学在正式录取时将取消其 ELC 资格。加州大学保证录取所有合格的 ELC 申请学生,但不能保证一定能按照学生的申请学校或者专业来录取。因此,加州大学采取综合评审方法对合格的 ELC 学生进行全面评价,并做出最终录取决定。这也就是前面提到的加州大学本科招生“综合评价”程序的第二步,即择优录取。

(二) ELC 学生招收结果

2007 年申请加州大学的 ELC 学生有 12 849 名,其中 12 639 名被录取。在被录取的 ELC 学生中,父母的最高教育程度没有达到大学本科的学生(第一代大学生)占 40%;在被录取的非 ELC 学生中,父母的最高教育程度没有达到大学本科的学生仅占 35%。ELC 学生中来自于低收入家庭的学生占 37%,少数族裔(非洲裔、拉美裔、印第安裔)学生占 26%,来自于质量较高的公立学校(排名在 1 到 5 的学校)的学生占 41%。而在通过其他方式招收的学

生中，这些比例相对较低，分别是33%、23%和23%。

（三）ELC学生大学一年级学业完成及参与学习活动的情况分析

2007年加州大学ELC学生一年级的平均GPA为3.17分，比其他学生的平均GPA约高0.28分。一年后ELC学生的辍学率为5%，而其他学生的辍学率为9%。另外，加州大学学生调查问卷分析结果也显示，ELC学生参与许多学习活动的程度强于其他学生。例如，ELC学生通常不会迟交作业，课前通常能做较充分的准备，较少缺课，对自己有更高的学习要求，更愿意寻求授课教师的帮助，有更高的参与集体项目的积极性，更愿意在课外与其他同学共同交流学习，更加积极参与课堂讨论，更愿意选修竞争性较强的课程，等等。

三、ELC招生制度的社会效应

加州大学的ELC招生制度是在《平权法案》的法律效力遭到解除的历史背景下产生的，但从教育理念和心理学智力发展理论的角度诠释，二者之间有着本质的区别。《平权法案》所倡导的对“弱势”群体高等教育入学机会的公平主要以他们的个人背景作为衡量标准，例如族裔、家庭收入等。相比之下，ELC招生制度的切入点则是学校以及周围社区是否为学生提供了公平的教育机会以及标准化考试是否能够全面测评学生掌握未来社会、经济发展所必需的多元文化知识和创新实践技能。许多研究都已表明学校和社会环境是影响学生智力发展的最重要因素之一①，在大学招生中评价学生的多元文化知识和创新实践能力具有非常重要的价值。②③ 因此，ELC制度在加州大学的招生中具有卓越和公平的双重价值，具有积极的社会效应。

---

① NISBETT R. Intelligence and How to Get It: Why Schools and Culture Count. W. W. Norton. New York & London, 2009.

② STERNBERG R. How can we simultaneously enhance both academic excellence and diversity? College and University Journal, 2006, 82(1): 3-9.

③ STERNBERG R. The rainbow project: Enhancing the SAT through assessment of analytical, practical, and creative skills. Intelligence, 2006, 34: 321-350.

(一) 提高大学入学机会的公平性

基础教育发展的不均衡是导致大学招生不公平的主要因素。因此,从长远发展规划的角度来看,消除基础教育发展中存在的差别是解决这一问题的根本。但促进基础教育的均衡发展受各种条件以及地方文化背景的制约,且投资大、周期长、见效慢。原普林斯顿大学校长威廉·鲍恩认为,在美国要实现这一目标恐怕还需要一代人甚至更长时间的努力。①② 因此,他认为,要在短期内改善高等教育入学不公平的现状,改革招生制度不失为一种捷径。加州大学的 ELC 招生办法表明,适时调整招生制度在提高大学入学机会的公平性上确实具有明显的短期和区域性效应。

(二) 推动中小学加强综合素质教育

大学招生对标准化考试成绩的过分依赖势必会使学生将大量精力集中在考试准备上,从而淡化综合素质的培养,特别是创新和实践能力的培养。ELC 学生的合格性评价是以九年级至十一年级所学课程的内容以及成绩为基础的,因此,学生只有全面发展,并持续获得较高成绩才有可能在激烈的竞争中获胜。另外,加州大学用来对 ELC 学生进行排名的成绩包括前面提到的诸如由大学委员会和高中共同设计的先修课程、国际大学学士学位课程,以及在大学选修的可转入加州大学的课程。这种评价方法有利于激励有能力的学生通过选修高难度的课程拓宽自己的知识。

(三) 为大学多元化教育发展奠定基础,有利于学生树立正确的道德价值观

许多研究表明,文化教育的多元化可以增进学生的认知能力,并提高学生

---

① LEDERMAN D. Debating equity and excellence. Inside Higher Ed, 2005.

② BOWEN W, TOBIN E, KURZWEIL M. Equity and Excellence in American Higher Education. University of Virginia Press, 2005.

处理人际关系的技能。[①] 学生通过参加有意义的、多元化的活动使他们有机会同具有不同背景的学生交流，使他们有机会更加全面地了解社会，更能理解不同的习惯、信仰、价值观念，等等。[②] 卡内基·梅隆大学（Carnegie Mellon University）的研究也发现，文化元素在大学发展以及培养学生的全球化理念中有举足轻重的作用：多元文化元素有利于拓展学生的教育经历，增强他们对不同文化的包容性，提高他们融入地方、国家乃至国际社会活动的能力。[③] 显然，通过 ELC 招生到的更具多元化背景的学生对大学的多元化教育有积极作用。

（四）对文化和经济的整体、长远发展有积极影响

教育机会的不公平对社会和经济的发展都有负面影响。密歇根大学斯科特·佩奇的研究发现，多元化对社会、文化、教育、经济的发展都有积极影响。他的研究表明，具有多元化背景的团体的工作效率要高于有同质性特征强的团体的工作效率，特别是在解决具体问题时更有卓著绩效。[④] 他的研究表明，个体特征越相似，思维方式也越趋相同。他的研究发现进一步表明集体决定的准确性依赖于个体对未来的发展的预测以及他们的多元化思维模式。驰名全球的可口可乐公司就是凭借其悠久的品牌和具有包容性的、多元化的人力资源创造了世界奇迹。加州大学通过 ELC 招生方法招收了具有不同背景、不同才能的学生。这些学生经过大学教育，一定会对文化经济的长远和多元化发展产生积极影响。

---

① MILEM J F. The educational benefits of diversity: Evidence from multiple sectors. In M. J. Chang, D. Witt, J. Jones, & K. Hakuta (eds.), Examining the evidence on racial dynamics in college and universities (pp. 126-169). Stanford, CA: Stanford University Press, 2003.

② CHANG M J. Racial diversity in higher education: Does a racially mixed student population affect educational outcomes? Ph. D. Dissertation. University of California Los Angeles, 1996.

③ Carnegie Mellon University. The Benefits of Diversity for Education at Carnegie Mellon. http://www.cmu.edu/teaching/trynew/BenefitsOfDiversity.pdf

④ PAGE S. The Difference: How the Power of Diversity Creates Better Groups, Firms, Schools, and Society. Princeton University Press, 2007.

四、小结

综上所述,加州大学的 ELC 招生制度不仅可以推动中学的综合素质教育,而且对实现高等教育的多元化也有促进意义。更为重要的是,在社会、经济、教育发展不均衡的情况下,其对提高高等教育入学机会的公平性有积极作用。当然,中美两国的初高等教育体制存在显著差异,在我国推行加州大学的这种招生制度有很大的难度,甚至说远离现实。“他山之石,可以攻玉”,在我国城乡二元经济结构矛盾突出、学校教学条件迥异的情况下,如何将学生接受基础教育的机会纳入到高校入学合格性的评价中或许是我们解决当前高等教育入学机会不公平,特别是重点大学入学机会不平等之问题的有效手段之一。

第十一章　加州大学“专升本”招生评价方法[①]

一、加州大学及其“专升本”招生理念

加州公立高教系统包括加州大学、州立大学和社区学院。加州《高等教育总体规划》规定：社区学院的教学以职业技术和通识教育为主，达到要求的学生可获得副学士学位（相当于我国的大专文凭）；州立大学主要提供文理和应用学科的教学，完成学业的学生可获得学士或硕士学位；加州大学的任务是集教学与研究为一体，有权授予学士学位、硕士学位及博士学位。加州大学现有10所分校，除旧金山分校主要培养研究生外，其他9所分校均设有本科和研究生专业。在2009年，加州大学每年有10多万名申请学生，其中2.5万名左右为转学学生；录取8万多名学生，包括2万名转学学生；最终有大约5万名学生入学，其中转学学生1.3万名左右，这些学生中大约有90%来自于社区学院。本章所介绍的“专升本”体制就是指加州大学招收社区学院转学学生的有关政策和方法。

加州大学之所以大量招收“专升本”学生，除了与加州高等教育的总体办学方针和任务有关外，与其本身的发展以及对“大学转学”所持有的理念无不相关。首先，“专升本”是社会发展以及高等教育办学模式多元化的必然结果。教育技术的广泛使用，远程教育和网络教学的蓬勃发展，为高等教育办学模式多样化提供了有利时机。加之社会发展和经济全球化对人们的知识和技能的

① 本章内容原发表于《清华大学教育研究》2009年第3期。此处有删改。

要求越来越高。因此，大学入学人数不断攀升。例如，20 世纪 70 年代末期，加州的社区学院的入学人数还不到 100 万，但到 2007 年，入学人数已增至 165 万。这些学生在完成了两年的专科教育后，为了适应社会的需求，并在竞争日益激烈的社会中取胜，继续接受本科教育自然成为首选。其次，“专升本”符合学生的求学要求，是培养他们终身学习理念的有效途径。鼓励和支持学生成功获取学士学位是加州高等教育一贯倡导和坚持的原则。“专升本”为社区学院的学生在完成两年的专科课程后，升入本科学习提供了有效的继续教育机会。有研究表明，大学生转学的主要目的是为了寻求适合自己的学习环境，提高自己的知识水平[①][②]，获取学士学位，最终提高自己的生活水平和生存价值。[③] 因此，“专升本”所蕴含的社会和教育价值已不仅仅是为那些渴求进步的学生创造一次学习机会，而是为他们带来获取成功的希望曙光，是帮助他们奠定终身学习理念的有效途径。最后，“专升本”为具有不同个人背景的学生提供平等教育机会创造了条件，有利于大学教育的多元化发展。由于社区学院的招收标准以及学费和生活费用都较低，所以学生从家庭收入、父母受教育程度、年龄、种族、居住区域的经济状况以及就读中学教学质量等因素来分析更具多元化的特征。因此，“专升本”所提供的机会使更多的居住在边远地区、家庭条件较差的学生进入加州大学读书。这不仅有利于促进大学教育的多元化发展，而且也为学生通过和具有不同背景的学生进行广泛交流来了解人们生存的真实社会提供了机会。基于这三大理念，加州大学多年来以《加州教育法》和专业认证的有关规定为依据，和社区学院及加州州立大学积极合作，制定出了系统、可行的“专升本”招生制度。

---

① National Center for Education Statistics. The road less traveled? Students who enroll in multiple institutions. U. S. Department of Education, 2005.

② TINTO V. Leaving College: Rethinking the Causes and Cures of Student Attrition. Chicago: University of Chicago Press, 1987.

③ LIGHT A, STRAYER, W. Who receives the college wage premium? The Journal of Human Resources, 2004, 39(2): 746-773.

二、《加州教育法》以及专业认证部门对"专升本"的有关规定

加州是美国第一个立法通过延长高中教育建立初级学院的州。1907 年加州《政治法修正案》规定：地方政府可以建立公立初级学院。这就是当今社区学院的前身。建立初级学院的目的是：1）提供职业技术教育培训，为学生的就业做准备。2）开设等同于本科大学一、二年级的通识教育和专业课程，使计划转入本科大学继续学习的学生有机会达到本科大学招生的录取标准。为了确保合格学生能顺利转入四年制大学，《加州教育法》对转学的重要性以及加州四年制大学和社区学院在转学中各自承担的义务和责任作了明文规定。《加州教育法》强调：可行有效的"专升本"招生体制是保证加州公立大学实施"专升本"招生工作的基本支柱。大学的主要责任包括：1）各级大学的"专升本"体制必须确保达到学业标准的学生能够圆满转入加州大学或者加州州立大学。2）帮助学生做好转入加州四年制大学的准备是社区学院的基本任务之一。因此，社区学院必须保证开设加州公立大学授予学士学位专业所要求的基础课程，并将有关信息及时通知学生。3）所有社区学院的学区校长办公室必须确保所属学院制定行之有效的"专升本"政策、建立转学服务中心和咨询机构，并确保为学生提供足够的转学信息和服务。4）加州大学和加州州立大学必须为所有达到招生标准的学生提供录取机会，并给予"专升本"学生录取以及学校和专业选择等方面"优先权"。例如，由于加州及全美经济危机，加州大学董事会已做出决定在 2009—2010 学年减少招收 2 300 多名学生，但招收"专升本"的学生数不仅不会受到影响，反而增加了 500 多名。5）在课程建设方面，加州大学、州立大学及社区学院应共同开发相互认可的通识教育核心课程，保证社区学院的课程质量及"专升本"学生在转出学校所修的课程得到转入学校的认可。

为了帮助大学制定有效的转学政策，美国大学注册及招生管理人员协会(American Association of Collegiate Registrars and Admissions Officers)、美国教育委员会(The American Council on Education)和美国高等教育专业认

证委员会(The Council for Higher Education Accreditation)于1978年就发表联合声明,对大学在转学工作中的责任以及课程和学分互认评价标准进行了阐述。2000年,美国高等教育专业认证委员会从学位授予权认证的角度再次发表声明。[①] 2001年,这三个机构对1978年的声明又进行了更新。[②] 这些声明的基本内容包括:1) 为了社会公平与教育效率,转入大学应认可转学学生在转出大学的学习经历,包括达到要求的课程及其学分,因此,转入大学应负责制定有效的招生政策以及学分认可评价方法,并保证这些政策的公平性和合理性。2) 转入学校是否接受转出学分,应依据转出学校的教学质量、课程内容和级别以及转出转入专业对课程的要求来确定。从学位授予权认证的角度衡量,转入学校所接受的转出学校的课程必须是经认证部门认可的,并与转入学校的专业或专业课程保持一致。3) 转学学生和非转学学生在同一专业、同一级别所获得的学位应具有同等效力,社会应予以同等对待,因此,转入大学在教学和授予学位时,应对转学学生和非转学学生一视同仁。

三、加州大学提供的"专升本"服务及课程互认体系

(一) 服务项目

加州大学通过多种渠道为就读社区学院的学生提供各种服务,努力帮助愿意转入本科大学继续学习的学生达到转学录取标准,并使他们顺利完成申请工作。这些服务包括:1) 社区学院转学服务中心。这是为学生提供"专升本"服务的主要机构。加州大学招生办公室的工作人员经常通过访问这些中心,为其工作人员提供有关加州大学"专升本"招生信息和相关培训,并亲自解答学生的问题。2) 加州大学"专升本"信息咨询顾问培训会议。加州大学每

① Council for Higher Education Accreditation. A Statement to the Community: Transfer and the Public Interest. Washington, DC, 2000.

② American Association of Collegiate Registrars and Admissions Officers, the American Council on Education, the Council for Higher Education Accreditation. Joint Statement on the Transfer and Award of Credit, Washington, DC, 2001.

年举办一次“专升本”信息咨询顾问培训会议。参加人员包括加州大学校长办公室工作人员、各分校招生人员、社区学院转学服务中心的工作人员和指导教师。培训内容包括：“专升本”合格性评价标准、综合评审办法、个人陈述报告的撰写及其在综合评审中的作用、转学准备、课程互认协议、申请程序、不同的招生途径等。3）加州大学“专升本”网络信息。加州大学除了通过校长办公室招生办公室以及各分校招生办公室网站提供有关“专升本”的招生综合信息外，还有专门的“专升本”招生网站提供更加详细的信息，例如，如何选择加州大学的分校及其专业，如何完成加州大学认可的通识教育和专业课程及其学分，等等。

（二）“专升本”课程互认体系

为了确保转学工作的顺利开展，在州长和执法部门的支持和鼓励下，从20世纪80年代中期开始，加州公立高等教育系统先后实施了许多促进“专升本”工作的项目，例如，支持和鼓励加州大学、加州州立大学以及社区学院的教师共同开设各级大学互认的课程，统一课程编号体系，构建网络系统，为学生提供互认学科与相应学分的信息。

加州大学校长办公室招生办公室专业人员对社区学院开设的课程进行全面评价，包括授课内容、学分、考核标准等。以评价结果为据，加州大学各分校和社区学院签署课程互认协议。协议包括校长办公室评价通过的各分校与社区学院互认的课程和相应的学分。表11-1是加州大学伯克利分校与伯克利城市社区学院之间的课程互认协议（生物学部分）。协议包括加州大学伯克利分校认可的伯克利城市社区学院开设的课程以及等同学分。例如，伯克利城市社区学院开设的普通生物学是5个学分，相当于加州大学伯克利分校3个学分的普通生物学和2个学分的生物学讲座与普通生物学实验课。学生可以在加州大学网站上查看所有本科大学和社区学院签署的课程互认协议。[①]

① 加州大学与社区学院课程互认网络信息查阅系统：http://www.assist.org

表 11-1 加州大学伯克利分校与伯克利城市社区学院课程互认协议(生物学)

Articulation Agreement by Department (协议), Biology (生物系)
Effective during the 2007—2008 Academic Year (2007—2008 学年有效)

UC Berkeley (加州大学伯克利分校)		Berkeley City College (伯克利城市社区学院)	
2007—2009 General Catalog (2007—2009 课程总目录)	学分		学分
BIOLOGY 1A (生物 1A) General Biology (普通生物学) BIOLOGY 1AL (生物 1AL) Lecture (Cells, Genetics, Animal Form & Function), General Biology Laboratory (讲座——细胞学,基因学,动物形态及功能;普通生物学实验)	3 3 2	BIOLOGY 1A (生物 1A)	5
BIOLOGY 1B (生物 1B) General Biology (Plant Form & Function, Ecology, Evolution) (普通生物学——植物形态及功能,生态学,进化论)	4 4	BIOLOGY 1B (生物 1B) General Biology(普通生物学)	5 5
BIOLOGY 11 (生物 11) Introduction to the Science of Living Organisms (生物器官科学介绍)	3 3	BIOLOGY 10 (生物 10) Introduction to Biology(生物学介绍)	
BIOLOGY 11L (生物 11L) Laboratory for Biology 11 (生物 11 实验课)	2		

四、"专升本"招生评价标准

加州大学"专升本"招生政策与招收其他所有转学学生以及高中毕业生的政策一样,遵循"综合评价"的原则。评价程序包括两个步骤:1) 根据申请学生完成的大学课程以及成绩来确定其合格性。2) 对符合录取标准的学生进行综合评价、择优录取。评价申请学生合格性的内容主要包括:转学学生申请加州大学之前是否已高中毕业;是否是社区学院在校注册学生;是否完成了可转入加州大学的所有课程。例如,希望从伯克利城市社区学院转入加州大学伯克利分校生物学系学习的学生，除了要完成通识教育课程（如英语、数学等）外，还必须完成表 11-1 所列的专业课程；在社区学院完成的课程的平均以及单科 GPA 是否达到了最低要求。加州大学虽然保证录取所有合格的学生，但由于申请个别分校（如伯克利分校、洛杉矶分校）和个别专业（如工程、计算机）的学生远远超过了计划录取的人数，因此不能保证按每个学生的报考志愿来录取他们。在这种情况下，加州大学各分校通过对申请学生的学术背景和个人表现进行综合评价后做出录取决定。

综合评价、择优录取的标准包括：1）在社区学院所完成的符合转入大学通识教育要求的课程数量及成绩。2）在自己选择的专业领域所完成的课程数量及成绩。3）所有可以转入加州大学的课程的平均成绩。4）选修与专业有关的其他课程或参与学术活动的情况。5）在某些领域所表现出的特殊才能、取得的特殊成就、获得的奖励等，例如，表演艺术、传媒、体育、其他语言方面的写作和口语能力、其他文化方面的深入研究兴趣、领导组织能力、社区服务的积极性，或者在其他方面表现出可以为大学发展做出特殊贡献的潜力等。6）是否完成了与学生在社区学院的课程和特殊活动有关的专题研究项目。7）权衡学生的生活经历以及个人的特殊背景后的学业成绩。

各分校的"综合评价"方法不尽相同。有的分校采纳综合量化考评方法，即根据上面所阐述的每一项所占总分的百分比对每一位合格的申请者进行评分；有的分校则由评委根据总体评阅结果综合打分，即每一项在综合评分中没有明确的比例。无论学校采用哪一种方法，申请学生的个人陈述报告（personal statement）在综合评审中都起着非常重要的作用。加州大学要求 2009 年的转学申请学生在撰写个人陈述报告时必须包括两个方面的内容①：1）你计划攻读的专业是什么？阐述你对这个专业的兴趣是如何产生的，例如，通过参加义务工作、实习、有薪工作、学生组织和相关活动等。你通过参与这些活动有何收获？你在你申请的学科领域有何经验？2）阐述你的个人特征、才能、成就、重要贡献或经历。你为什么对这些特征或者成就感到骄傲？它们与

① 从 2016 年起，加州大学对个人陈述的问题作了修订，新的问题参阅加州大学招生网站：http://admission.universityofcalifornia.edu/how-to-apply/personal-questions/transfer/index.html

你的成长有什么关系？

五、“专升本”学生及其学业完成情况

（一）“专升本”学生

2005 年秋季，加州的社区学院大约有 161 万名学生注册，其中有 34 万名学生是新生。在 2007 年秋季，1.19 万名学生转入加州大学，3.66 万名学生转入加州州立大学。如果按照 2005 年在社区学院注册的新生数计算，转入加州公立本科大学的比率为 14.3%。另外，还有许多学生转入其他本科大学，也有相当一部分学生中途辍学，因此在考虑了这两项因素后，社区学院的实际“专升本”比率要远远高于 14.3%。

每年申请加州大学的“专升本”学生大约占所有申请学生的 1/4，被录取的学生占所有被录取学生的比例略低于 1/4。图 11-1 显示了在加州大学及 3 所分校注册的“专升本”学生占当年新注册学生的比率。从 1994 年到 2007 年，每年在加州大学注册的“专升本”学生大约占所有新注册学生的 25%。但在竞争越激烈的分校，注册的“专升本”学生占所有新注册学生的比例更高。例如，在全美公立大学排名第一的加州大学伯克利分校，每年注册的“专升本”学生大约占所有新注册学生的 30%，且从 2000 年开始，稳步上升；在具有同等竞争力的洛杉矶分校，每年注册的“专升本”学生占所有新注册学生的比例更高，最近几年已超过 40%；在竞争力较差的加州大学圣塔科鲁兹分校，“专升本”注册学生仅占新注册学生的 20%左右，且近几年有明显的下降趋势。

在“专升本”入学学生中，从低收入家庭来的学生以及第一代大学生人数较多。例如，在 2007 年入学的“专升本”学生中，低收入家庭学生占 36%，第一代大学生占 50%；而在同年从高中直接进入加州大学的学生（新生）中，这两个比例分别是 32%和 39%。另外，除去“专升本”学生在社区学院学习的两年，他们的年龄仍然显著大于从高中直接升入加州大学的学生。2007 年入学新生的平均年龄是 18 岁，“专升本”学生的平均年龄则是 22 岁。除去“专升

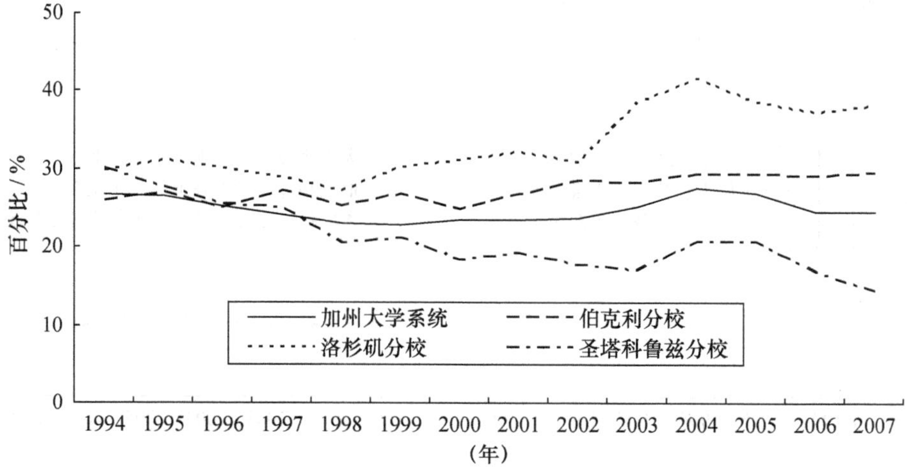

图 11-1 加州大学"专升本"注册学生占所有新注册学生的百分比

本"学生就读社区学院的两年，他们的平均年龄仍然比直接升入大学的学生大2岁。其中10%的"专升本"学生大于26岁。显然，这些学生在就读社区学院之前已高中毕业多年，或者在就读社区学院时有兼职工作。由此可见，转学体制对提高加州大学学生组成的多元化有积极作用。

图11-2显示了1994—2004年加州大学系统、伯克利分校以及圣塔科鲁兹分校的"专升本"学生和新生(直接从高中申请加州大学的学生)录取率统计比较。多年来，加州大学系统"专升本"和新生的录取率非常接近，大约为80%。但在竞争较激烈的伯克利分校和洛杉矶分校，"专升本"学生的录取率显著高于新生的录取率，且从2004年开始，"专升本"录取率呈上升趋势。例如，在伯克利分校，从1997开始，新生的录取率都低于30%，而"专升本"学生的录取率则高于30%。相反，在竞争力较弱的大学，"专升本"录取率显著低于新生录取率。例如，在圣塔科鲁兹分校，从1994年起，除了2004年以外，其他各年的新生录取率均高于70%，有许多年甚至超过80%，但"专升本"的录取率多年来在70%上下徘徊。

(二) 学业完成情况

在加州大学，"专升本"学生和其他学生具有同等的竞争能力。表11-2统

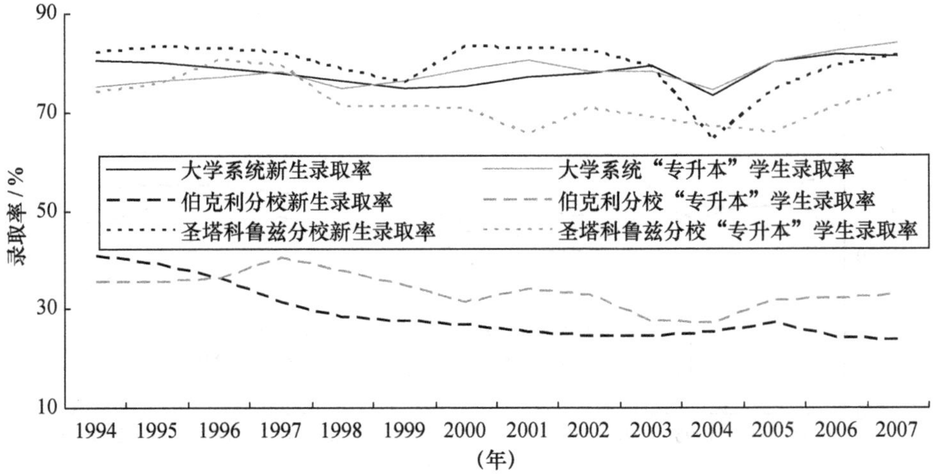

图 11-2　加州大学“专升本”学生与新生录取率比较

计数据显示，第一、二年“专升本”学生和新生的保留率都非常接近，1997 年入学的学生相差大约 1 个百分点，2000 年和 2001 年“专升本”学生的保留率略高于新生的保留率。虽然“专升本”学生第二年的毕业率低于新生第四年的毕业率，但 2000 年和 2001 年入学的“专升本”学生第三年的毕业率高于新生第五年的毕业率。“专升本”学生第四年的毕业率高于新生第六年毕业率大约 3 个百分点。从获得学士学位所花费的时间来分析，加上就读加州大学前的两年，“专升本”学生获得学士学位所花的时间比新生略长约半个学期，这主要是由于许多“专升本”学生增加选课内容或在校外兼职工作所花费的时间较多所造成的。“专升本”学生毕业时的平均 GPA 和新生学生毕业时的 GPA 也非常接近。当然，需要说明的是，保留率、毕业率、获得学位所花的时间以及平均 GPA 只是从一方面反映了学生的学业情况。要客观地反映学生的能力，还应该从多方面对学生进行评估，例如学生的实践能力、领导组织能力，等等。“专升本”学生和新生在这方面是否有同样的竞争力，还需要进一步研究。

加州大学每年授予 4 万多学生学士学位。在这些学生中，大约 68%是直接从高中进入加州大学的学生，29%是“专升本”学生，其余是其他转学学生（图 11-3）。2005 年之前在伯克利分校获得学士学位的学生中，“专升本”学生大约占 26%，略低于大学系统的比率。但在 2006 年和 2007 年，伯克利分校

表 11-2 加州大学“专升本”学生与新生学业完成情况比较

入学学年	一年保留率/%		二年保留率/%		二(四)年毕业率/%		三(五)年毕业率/%		四(六)年毕业率/%		平均毕业时间/年		平均 GPA	
	转学	新生	转学	新生	转学	新生	转学	新生	转学	新生	转学	新生	转学	新生
1997	90.7	91.9	81.2	83.9	39.4	46.0	72.9	74.4	80.9	79.6	2.34	4.12	3.10	3.13
1998	92.1	92.2	82.0	83.8	42.0	47.5	75.6	75.7	83.3	80.4	2.31	4.10	3.11	3.15
1999	91.8	92.2	82.4	84.2	43.4	50.3	75.8	77.0	83.2	81.4	2.31	4.07	3.12	3.16
2000	92.4	92.3	83.1	84.4	43.9	50.9	77.2	77.0	83.9	81.0	2.28	4.05	3.11	3.16
2001	92.6	92.4	82.9	84.0	44.9	53.7	77.6	77.4	84.5	81.4	2.27	4.00	3.12	3.18

注:由于“专升本”学生在加州大学入学之前已完成两年的大学教育,所以毕业率从第二年开始计算;新生的毕业率从第四年开始计算。

“专升本”获得学士学位的学生所占的比例几乎和大学系统相同。

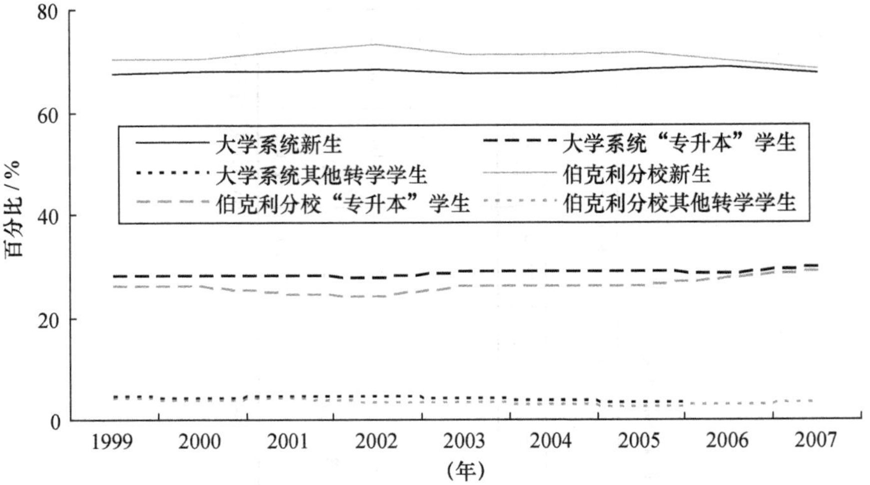

图 11-3　获得学士学位的新生及转学学生占所有获得学位的学生之比

六、小结与启示

综上所述，加州大学经过多年的探索和实践已形成了一个系统科学的“专升本”招生体制。其特征可总结概括为：1）以法律和专业认证要求为基准，充分考虑社区学院的办学方针和教学任务，为学生提供足够的继续深造的机会。2）本科大学和社区学院密切合作，以提高学生的知识水平和实践能力为本，以服务学生为己任，确保学生基础课的学习质量，并使学生对转学后的学习任务有明确的认识，为他们完成本科教育做好充分准备。3）以学生在社区学院所修课程为主，实施多元化的招生评价方法，确保招生的卓越性和公平性，并激励学生在转学之前全面发展。显而易见，加州大学“专升本”学生所取得的优异成绩除了与社区学院本身的优秀教学有关外，与其完善合理的招生体制也有密切关系。当然，加州大学的“专升本”体制亦非尽善尽美。特别是考虑到我国高职高专和加州的社区学院的办学目的和任务的差异，加州大学的“专升本”模式对完善我国“专升本”体制还不足为训，但由于“专升本”这一现象本身在高等教育发展中所具有的价值和意义，加州大学“专升本”体制的许多优点仍值得我们借鉴。

首先，我国目前的以职业教育为办学任务的高职高专教学体制还不具备向本科院校大规模输送合格的“专升本”学生的条件，因此，在“专升本”中所暴露出的“知识结构断层”[①]“教学与应届本科生应有所区别”[②]“课程重复开设”等问题也就在所难免。要圆满解决这些问题单靠“疏导”恐难见成效。制定相关的法律和相对稳定的转学政策恐怕是需要解决的首要问题。当然，优化高职高专的课程设置，加强通识教育的教学，全面提高教学质量，不仅是高职高专本身生存和发展的支柱，也是提高“专升本”学生学业水平的关键所在。至于“5%”的限制是否正确，由于没有实证研究，笔者无法给出一个确切的答案。但可以肯定的是，在目前的形势下，本科招收的“专升本”学生不可能像加州大学那样达到30%。笔者认为，这个比例应交由“市场”决定。如果上面提到的问题都能得到了圆满解决，高职高专的学生确实达到了转学的要求，也有能力在规定的时间内顺利完成本科教育，适当放宽这个比例于学生、于社会均有裨益。否则，一定以5%的比例来录取，恐怕适得其反，不仅浪费学校的资源，也浪费学生的时间。

其次，加强本科大学和高职高专之间的合作是高等教育发展的重要举措，也是疏通“专升本”渠道的有效途径。近些年来，我国高校之间的纵横向合作已有所改观，但在资源共享、课程开发、教学科研诸方面的合作仍然逊色于美国各级大学之间的合作程度。在大学招生过程中的合作更是微乎其微。事实上，美国大学招生不仅通过多元化评价择优录取优秀学生，而且将提供入学前的服务视为大学招生的重要环节之一。因此，在招生中，各级学校都表现出了积极的合作态度，并付诸实践。上面阐述的加州大学和加州的社区学院在开发“专升本”招生课程互认体系中的合作堪称典范。除此之外，加州大学也和中学广泛合作，为中学生，特别是为较落后地区的学生提供各种免费教学和大学申请辅导服务，包括通过互联网为办学条件差的学校开设加州大学录取要求的高中课程。

---

① 景加军.专科与本科知识的衔接问题探讨.中国高教研究，2003(4).

② 关丽红.浅谈“专升本”学生的高等数学再教育.长春大学学报，2006(1)：103－105.

最后,改革"专升本"招生考核制度,采纳多元化评价方法,确保招生的"卓越"和"公平"性。目前我国实施的以一次性考试为主的"专升本"招生制度非常不合理。应届高中生"一考定终身"的招生制度早已遭到了社会以及家庭和学生的质疑和诟病,许多省份已提出了较为合理的改革措施。"专升本"学生,顾名思义是指那些已经在某一"专业"学习了两年或更长时间的学生。转入本科大学也只有两年左右的学习时间,因此,是否具备本专业的基本知识和技能是他们是否能够完成本科教育的关键所在。如果"专升本"招生仅以几门统考课程的成绩为标准来确定学生的合格性,而忽视他们在高职高专所修课程的内容、获得的成绩以及实践能力,恐怕很难保证录取过程的公平性,更不可能保证招收学生的卓越性。更重要的是,这种考评方法使高职高专成为许多学生准备第二次"高考"的学校,严重影响了高职高专的综合素质和实践能力的培养[①]。

① 周国平.对调整"专升本"政策的思考.民办教育研究,2006(4):53-56.

第五篇
招生政策研究与数据分析

第十二章　加州大学本科招生“综合评价”制度实施审核报告解析

一、“综合评价”招生结果分析

加州大学2010年的《审核报告》对2003年至2009年这七年的招生结果从学业和学生背景两个方面进行了分析和总结性审核。《审核报告》强调，测评学生能力的指标应该是多元化的，除了学业成绩外，还应该包括领导能力、审美和创新能力、对社区的贡献、坚韧不拔的意志等。2010年的《审核报告》所评价的指标主要是在招生评价中发挥关键作用且有量化数据的指标，包括四个方面的内容：1）学业成绩；2）招生的多元化评价；3）入学趋势分析；4）入学学生第一年的学业表现。

（一）学业成绩

1．申请学生

《审核报告》数据展示，从2003年到2009年，申请加州大学的学生一直在稳定增加。报告强调，大学和招生人员很好地处理了招生工作与申请学生人数增加所带来的工作量。申请学生的增加不仅反映了加州高中毕业生人数的增加，同时也反映了高中毕业生对就读加州大学需求的提升。在2009—2010学年，加州大学收到了将近10万份高中毕业生的申请（在2016年这个数字已经增加到了17万），比2003—2004学年的申请人数增加了25％（如表12-1所示)。除了圣迭戈分校以外,其他 8 所分校的增加百分比都超过两位数。伯克利分校、戴维斯分校、尔湾分校的增加比率都高于大学系统的增加比率。洛杉矶分校在 2009 年收到了 55 699 份申请(2016 年收到将近 12 万份申请),在美国所有大学中独占鳌头。莫赛德分校自从 2005 年开始招收学生以来,到 2009 年收到的大学申请已经增加了将近 50%。在申请学生数量上,几乎赶上了圣塔科鲁兹分校。

表 12-1　加州大学申请学生的增长比例以及 2009 学年申请学生的高中成绩绩点

学校	2003—2009 年申请学生的增长百分比/%	2009—2010 的申请学生数	平均绩点(GPA)[2]
伯克利分校	32	48 686	3.85
戴维斯分校	30	42 389	3.72
尔湾分校	28	44 126	3.68
洛杉矶分校	24	55 699	3.79
莫赛德分校[1]	48	20 910	3.49
河滨分校	20	31 888	3.53
圣迭戈分校	8	47 061	3.78
圣塔芭芭拉分校	19	44 737	3.65
圣塔科鲁兹分校	25	27 252	3.56
加州大学系统	**25**	**98 286**	**3.70**

注:1. 莫赛德分校的增长率是从其 2005—2006 学年开始招收学生算起。2. 平均绩点是计算了大学层面的课程后的成绩,如先修课程等。

除了申请学生人数的增加,申请学生的高中平均绩点、大学入学考试成绩、加州大学要求的高中课程以及大学层面的课程(如 AP、IB)数量都有稳步而显著的提高。加州高等教育委员会的研究显示,加州高中毕业生达到加州大学对高中课程要求的比例从 2000 学年到 2008 学年上升了 28%。① 另外,加州大学招生委员会从 2006 年起将高中平均绩点的最低分数从 2.80 提升到 3.00。这项变化导致了申请学生平均绩点的逐步增加。在 2006 年,美国大学

① WILSON S, NEWELL M, FULLER R. Ready or Not, Here They Come. California Postsecondary Education Commission, 2010.

委员会重新设计了 SAT 的考试，从而导致了全国性 SAT 考试成绩的下降。尽管如此，加州大学申请学生的 SAT 成绩几乎与 SAT 改革前的成绩保持一致，甚至有所增加。学生 ACT 考试的成绩也在稳步上升。申请学生在高中成绩以及标准化考试成绩上的提升意味着所有学校不仅要花额外的精力处理更多的申请，而且要利用更加多元化的方法准确地区分申请学生的大学学业程度以及在其他方面的品质。毫无疑问，这个变化对加州大学的综合性评价工作带来了更大的挑战。

另外，加州大学在 1998 年批准了“地方合格性标准”评价项目，也就是说，如果申请学生在其毕业中学的排名在前 4%，这位学生就获得被加州大学录取的基本资格①。这项政策是从 2001 年开始实施的。在《审核报告》所包含的 2003 年至 2009 年的审核年度，达到“地方合格性标准”的申请学生比例在下降，其主要原因是由于申请人数增加造成的，并非学生对参加这个评价项目不感兴趣所致。事实上，从 2003 年到 2009 年，达到这个标准的学生的申请率从 74.7%上升到了 77.5%。这表明，“地方合格性标准”是一项吸引不同学校乃至全加州优秀学生非常有效的方法。另外，通过这项标准录取的学生的入学率一直非常稳定，达到 60%。这再次表明，这项合格性标准是加州高中毕业生进入加州大学最重要的途径之一。但需要说明的是，并不是所有 9 所学校都同样吸引这些优秀学生，例如，在伯克利分校的申请学生中，达到这项标准的学生占 18.7%，而莫赛德分校只有 4%。又如，在戴维斯分校从 2003 年到 2009 年，达到“地方合格性标准”的学生已从 13.6%上升到了 18.4%。这也显示，学校也在努力吸引和录取这些学生。对个别分校来说，这是一个值得继续改进的领域，尤其是从 2012 年起，“地方合格性标准”的确定比例将从 4%上升到 9% 后，其提升空间将更大。

2. 录取学生

随着更多的学业成绩优秀的学生申请加州大学，所有 9 所学校都相应地增加了招生人数。图 12-1 展示了从 2003 年到 2009 年申请学生和录取人数

① 美国德克萨斯州、佛罗里达州等州也有类似的招生方法，被称为“Percent Plan”。因此，中国的有关研究将其翻译为“百分比计划”。

的变化趋势。除了由于受预算影响的 2004 年和 2009 年外，其他几年录取学生数的增加趋势基本反映了申请学生数的增加趋势。

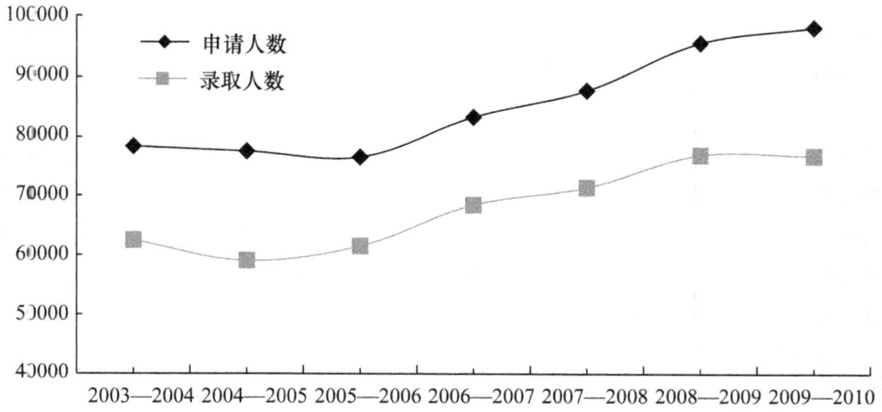

图 12-1 2003—2009 学年新生申请人数和录取人数的变化

尽管我们不知道预算削减对招生人数所产生的影响究竟有大，但显然加州大学由于经费削减而不得不控制学生规模，从而导致了加州大学无法满足合格学生就读加州大学的需求，也对大学多元化产生了负面影响。表 12-2 显示了所有 9 所学校四年的录取率以及从 2003 年至 2009 年这七年的平均录取率。由于录取学生不能与申请学生人数同步增加，使得所有学校的招生竞争更加激烈。在 2009 年，有 6 所学校只能招收一半申请学生；而洛杉矶分校由于申请学生数骤增，其录取率一直是所有学校中最低的，仅为 24.5%左右；伯克利分校的录取率也只有 29.1%。这两所学校在全美所有公立大学中，招生竞争也是最为激烈的。尔湾分校、戴维斯分校以及圣塔科鲁兹分校是这七年中录取率下降最为显著的学校。相反，由于莫赛德分校规模的拓展，录取人数增加，录取率也在逐年上升。

除了这期间录取人数的增加外，高中毕业生学业完成成绩指标显示，毕业生的学习成绩从 2003 年到 2009 年也有微小程度的增加。2009 年申请学生的高中平均绩点是 3.79，SAT 阅读和数学考试的平均成绩是 1212，在 11 年级结束前平均修习 13.8 门（学期）的大学层面的课程，平均修习 24.5 门（学期）加州大学要求的高中课程（如表 12-3 所示）。数据显示，在所有 9 所学

表 12-2　加州大学总体以及各学校的录取率　　单位：%

项目	2003—2004	2005—2006	2007—2008	2009—2010	7 年平均
加州大学系统	80.0	80.5	81.5	78.1	79.9
伯克利分校[1]	29.8	32.4	28.6	26.7	29.1
戴维斯分校	56.8	60.8	58.6	47.4	56.9
尔湾分校	53.8	60.4	55.6	44.2	53.7
洛杉矶分校	23.5	26.9	23.6	21.9	24.5
莫赛德分校[2]	NA	86.3	89.3	91.2	88.9
河滨分校	83.7	79.8	86.6	83.8	82.8
圣迭戈分校	40.3	43.8	42.3	37.4	42.1
圣塔芭芭拉分校	50.0	52.8	54.4	48.2	51.6
圣塔科鲁兹分校	79.0	74.3	81.1	63.6	73.3

注：

1. 伯克利分校的录取率的计算包括申请秋季入学的学生，但被录取为同一学年春季入学的学生。如果不算这些被录取为春季入学的学生，伯克利分校的录取率仅为 23%左右。在 2016 年已降至 20%以下。

2. 莫赛德分校是 2005 年开始招生，所以没有 2003—2004 学年的数据。

校中，被录取的学生修习的高中课程平均数显著多于加州大学要求的课程门数，高中成绩也显著高于最低绩点(3.0)。例如，大学要求所有合格学生必须在毕业时完成 30 门(学期)高中课程，在十一年级(相当于中国的高二年级)结束时完成 22 门(学期)课程，河滨分校和莫赛德分校录取的学生实际完成了 23.1 门(学期)课程，而伯克利分校和洛杉矶分校录取的学生实际完成了 26.5 门(学期)课程。表12-3 的数据也展示了各分校之间的在一些指标上的显著性差异。例如，学校之间在学生平均修习大学层面的课程数以及入学考试成绩方面存在显著差异。当然，我们也必须承认，这些指标通常与申请学生就读中学的资源、学生的家庭收入、课程开设状况有直接关系。资源优越的学校通常开设更多的大学先修课程，学生自然享有更多的教育机会，因此修习课程的数量通常会多于在资源短缺的学校读书的学生，这在很大程度上也是导致学生绩点差异的原因。成绩好的学生更倾向于申请加州大学的两所“旗舰”分校，即伯克利分校和洛杉矶分校。

表 12-3　2009 年加州大学录取学生的学业成绩变化

项目	伯克利分校	戴维斯分校	尔湾分校	洛杉矶分校	莫赛德分校	河滨分校	圣迭戈分校	圣塔芭芭拉分校	圣塔科鲁兹分校	平均
高中(学期)课程数量	**26.5**	25.0	24.4	**26.5**	23.1	23.1	25.3	24.5	24.3	24.5
大学层面(学期)课程	**20.0**	15.9	16.5	**20.5**	9.7	11.2	18.3	15.2	12.6	13.8
从 2003 年的变化	0.09	**2.1**	**1.7**	1.5	NC	1.0	1.4	1.4	**2.1**	1.2
高中成绩绩点	**4.16**	3.99	**4.00**	**4.15**	3.55	3.63	**4.08**	3.93	3.76	3.79
从 2003 年的变化	0.03	**0.12**	**0.12**	0.07	0.02	0.06	0.04	0.07	**0.13**	0.04
标准化考试阅读与数学成绩	**1371**	1277	1264	**1357**	1118	1130	**1331**	1259	1214	1212
从 2006 年的变化	**22**	**39**	18	8	NC	9	**31**	12	14	7
标准化考试写作成绩	**675**	621	617	**666**	542	548	**650**	619	595	591
从 2006 年的变化	10	**19**	7	2	1	3	**14**	9	**15**	3
“地方合格性标准”学生比例/%	46.3	38.4	33.4	49.0	4.0	7.8	39.8	21.6	9.1	17.6
录取率/%	66.1	**98.8**	**96.7**	59.9	**99.8**	**99.0**	85.7	**98.1**	**97.3**	98.7
参加大学升学预备项目的学生比例/%	5.3	6.5	6.4	6.6	5.5	6.0	6.5	6.6	4.7	5.5
录取率/%	27.6	69.9	50.9	26.6	**87.7**	**84.0**	55.7	63.2	**80.4**	87.6

注：表中的黑体显示的数据是变化最大的指标或者在相应的指标上处于较高位置，例如被伯克利分校录取的学生完成的大学层面的课程数是 20.0，在所有学校中属于最高的；但戴维斯分校从 2003 年起的增幅最大，是 2.1。

表 12-3 的数据显示，对所有加州大学录取的学生来说，他们修习课程的平均数略有增加，戴维斯分校和圣塔科鲁兹分校增加最为显著，大约有两门课程。莫赛德分校是唯一一所招收学生完成大学层面课程的平均数低于 10 门的学校，而河滨分校的平均数是 11.2，戴维斯分校的是 15.9，圣塔芭芭拉分校的是 15.2。另外，所有录取学生的 SAT(阅读与数学)的平均成绩是 1 212，写作是 591。除了莫赛德分校以外，所有学校的平均成绩都不同程度地有所提升。从 2006 年，被戴维斯分校录取的学生的平均 SAT 成绩上升了 39 分，圣迭戈分校的平均成绩上升了 31 分。尽管伯克利分校没有最低入学考试成绩的限制，自 2006 年，伯克利分校录取的学生的 SAT 成绩仍然上升了 22 分，是所有学校录取学生中平均成绩最高的学校，数学和阅读两门考试成绩的平均分数达到了 1 371(总分为 1 600 分)。另外，尽管洛杉矶分校的变化不大，但洛

杉矶分校录取学生的入学考试成绩仍然很高，数学和阅读两门课的考试平均成绩达到 1 357。

根据加州大学的研究，写作能力对加州大学新生一年级的成绩的预测效度最高，因此，加州大学在招生评价中非常重视标准化考试的写作成绩。从 2006 年起，被加州大学所有学校录取的学生的平均写作成绩都有所提升（如表 12-3 所示）。伯克利分校和洛杉矶分校两所学校录取学生的平均写作成绩最高，在 2009 年分别是 675 和 666（满分为 800 分）。在之前的三年，伯克利分校、戴维斯分校、圣迭戈分校以及圣塔科鲁兹分校录取学生的写作成绩升幅都超过两位数。需要强调的是，加州大学在评审学生的写作成绩时会充分考虑学生的背景如语言背景（母语是否是英语等）来做出更加准确的判断，而学生的语言背景在各学校之间存在很大的变化。

加州大学的研究也发现，通过"地方合格性标准"招收的学生通常比其他学生在学术方面更加投入。相信这是由于他们在中学阶段养成的刻苦学习的习惯。根据加州大学的招生原则，所有达到"地方合格性标准"的申请都会被加州大学录取，其中在六所学校这些学生享有优先录取权，它们是戴维斯分校、尔湾分校、莫赛德分校、河滨分校、圣塔芭芭拉分校以及圣塔科鲁兹分校。这几所学校对这些学生的录取率都在 97％以上（如表12-3 所示），可以证明这个结论。尽管在伯克利分校和洛杉矶分校，这些学生占录取学生的比例很高，但这两所学校的录取率相对较低。这是因为这两所学校的申请学生多，而录取学生人数相对要少，所以无法与其他学校一样给这些学生同样高的优先权。

加州大学的综合评价政策还规定在招生时给予参加过大学提供的教育扶贫项目的申请学生优先权。参加这些项目的大多数学生来自弱势群体，如低收入家庭、父母没有接受过高等教育、少数族裔、家庭居住在贫困边缘地区等。在过去一段时间，参加过这些项目的录取学生数在下降，但在莫赛德分校、河滨分校以及圣塔科鲁兹分校，这些学生确实享有录取优先权（如表 12-3 所示）。他们在戴维斯分校、圣塔芭芭拉分校、圣迭戈分校以及尔湾分校被录取的比率也高于 50％。加州大学校长办公室有专门的行政管理部门管理这些项目，为需要的学生提供支持。

(二)招生的多元化评价

学生的学业成绩可以通过传统的指标体系得到评价,但“综合评价”所面临的非常重要的挑战是招生程序是否合理,是否能有效地组建一届学生,使大学完成其教育使命。有效地履行这一职责对招生工作的关键挑战是,在确保招生公平的同时,必须承认加州高中教育一直以来的不公平发展,以及摆在具有潜在天赋的学生面前的其他挑战,如家庭背景等。但我们也可以将这些背景信息以及他们接受教育的环境和享受的教育机会等指标,与学业成绩指标结合起来对招生政策的实施结果进行评价,并据此判断加州大学的招生是否反映了加州居民以及申请学生的多元化特征。这些评价指标可以包括第一代大学生、录取学生家庭收入、高中排名、族裔等。

加州大学作为公立大学,重要的办学职责之一是为居民的社会地位变迁提供条件和动力。加州大学为能招收和培养第一代大学生(父母没有任何一方拥有本科学历)、家庭经济条件差的学生而感到自豪。当然,这些学生必须具备完成加州大学本科教育的基本能力。在2009—2010学年所有申请学生中,第一代大学生占35%,大约上升了2个百分点。如果考虑到中学毕业生中第一代大学生的比例在降低的因素,申请加州大学的第一代大学生比例更高。当然,这与加州大学新建的莫赛德分校有一定关系。申请莫赛德分校的学生中有40%是第一代大学生。由于加州大学的招生对弱势群体学生的教育机会和背景的考虑,所以几乎所有加州大学的分校对第一代大学生都是有很大的吸引力的。河滨分校的申请学生中有45%是第一代大学生,在录取的学生中第一代大学生的比例是42%,在所有加州大学分校中是最高的。尔湾分校的比例是39%,也是非常高的。戴维斯分校、圣塔芭芭拉分校和圣塔科鲁兹分校的申请学生以及被录取的学生中有至少1/3的学生是第一代大学生。而且这几所大学在2009—2010学年提高招生标准的情况下,仍然能保持录取学生中第一代大学生的稳定比例,也进一步说明这些分校在招生评价中充分考虑了学生的背景和教育机会。但非常遗憾的是,伯克利分校和洛杉矶分校录取的学生中第一代大学生的比例在降低。从表12-4的统计数据可以看出，第一代大学生的比例随着录取率的变化也发生了很大变化。

表 12-4 也展示了来自低收入家庭申请学生的录取率。数据显示，尽管加州大学整体以及各分校录取低收入学生的录取率都有下降，但在所有录取的学生中，来自低收入家庭的学生比例都有所增加。例如，2003 年加州大学低收入学生的录取率是 76.9%，到 2009 年，录取率降至 74.8%。这个下降趋势主要是由于申请学生总数增加，但录取人数没有以同等比例上升。但数据也显示，在 2009 年所有录取的学生中，低收入家庭的学生所占比例是 26.3%，比 2003 年增加了 5 个百分点。就各分校而言，录取率增加较多的是河滨分校、莫赛德分校、圣迭戈分校、戴维斯分校、圣塔芭芭拉分校、尔湾分校，以及圣塔科鲁兹分校。在各分校撰写的招生评审总结报告中，这些学校都强调，它们的招生录取评价指标包括了学生家庭社会经济地位这项指标。

表 12-4　加州大学录取第一代大学生和低收入申请学生的统计结果　　单位：%

项目	伯克利分校	戴维斯分校	尔湾分校	洛杉矶分校	莫赛德分校	河滨分校	圣迭戈分校	圣塔芭芭拉分校	圣塔科鲁兹分校	平均
录取学生中第一代大学生的比例	22.9	**33.6**	32.1	25.3	37.9	41.7	31.2	**33.7**	**33.7**	34.3
2009 年第一代大学生的录取率	20.8	46.9	36.2	16.8	86.4	78.5	36.7	47.7	63.3	76.6
2003 年第一代大学生的录取率	25.7	54.7	45.6	20.4	76.0	78.2	41.1	48.1	72.5	77.9
录取学生中低收入学生的比例	20.2	**27.5+**	**26.2+**	22.1	**28.3**	**32.1+**	**28.1+**	**26.3+**	**24.4+**	**26.3+**
2009 年低收入学生录取率	21.5	49.4	36.2	17.5	83.8	75.9	40.3	46.9	58.8	74.8
2003 年低收入学生录取率	27.1	61.8	45.5	22.8	76.0	75.1	45.1	50.4	70.9	76.9

注：表中“+”表示增幅超过 5 个百分点。“低收入”学生是指申请学生的家庭收入低于加州居民收入的低 30 百分位数。

加州大学评价多元化的另一项指标是申请学生就读高中的排名。当然，在评价学生的学业成就时，评审人员是将学校的背景与学生取得的学业成就相结合在一起的。加州每年都要对所有就读公立学校的学生进行一次学业成绩考核，并根据成绩将学校划分为10个级别。这个排名除了反映学校的教学质量外，在一定程度上也反映了学校的资源状况。也就是说排名好的学校通常有比较好的教学资源，包括经费、教师等。例如，我们的研究发现，在2009年，在排名前10%的学校读书的学生，平均完成将近10门大学先修课程，而在排名在后10%的学校读书的学生平均仅完成6门大学先修课程。显然，来自不同学校的学生享受的教育资源是不同的，所以加州大学要求评价申请学生的资料时，必须考虑学生享受教育机会和资源的情况，也希望招收的学生来自不同的学校、不同的地区，尽最大可能地在生源的地域上达到多元化。在此项报告所评价的年份，来自排名较低的高中申请学生和被录取的学生数都有减少。表12-5展示了来自排名最低、最高以及没有排名的中学的被录取学生的比例。加州大学所录取的来自排名在前20%和后20%的学校的学生分别占32%和6%。河滨分校录取的来自排名在后20%的学校的学生最多，达到8%；戴维斯分校、圣塔芭芭拉分校以及莫赛德分校录取的学生比例也很高，将近7%。圣塔科鲁兹分校、戴维斯分校以及圣塔芭芭拉分校录取的来自排名在前20%的学校的学生占1/3。数据结果表明，这些分校在招生时考虑学校的背景，并优先考虑加州公立高中，确保来自排名较低的学校的学生有机会进入加州大学读书。在洛杉矶分校，被录取的学生中来自前20%学校和后20%学校的比例为5.0。这个比例在所有学校中虽然不是最低的，但也反映了作为加州大学的“旗舰”校园，洛杉矶分校在评价申请学生时考虑了学生就读学校的背景，从而最大程度地降低了录取学生比例在学校之间的差异。与之相比，在圣迭戈分校、尔湾分校以及伯克利分校，来自好学校的录取学生是来自差学校录取学生的7倍。加州大学招生和中学关系委员会建议，这些学校应该采取更加有效的措施评价学生的申请资料，更好地将教育机会融入评价过程中。

表 12-5　2009 年录取学生在不同类型学校之间的比例差异　单位：%

项目	伯克利分校	戴维斯分校	尔湾分校	洛杉矶分校	莫赛德分校	河滨分校	圣迭戈分校	圣塔芭芭拉分校	圣塔科鲁兹分校	平均
从排名在后20%的学校录取的学生占所有录取学生的比例	4.7	6.9	5.8	6.1	6.7	8.0	5.2	6.7	6.0	6.4
从排名在前20%的学校录取的学生占所有录取学生的比例	34.2	34.1	40.0	30.8	31.7	31.5	38.6	32.7	35.5	31.9
前20%学校与后20%学校录取学生的比率	7.3	5.6	6.9	5.0	4.7	3.9	7.4	4.9	5.9	5.0

加州是一个移民州，人口具有族裔多元化的特征。多年来，加州中学少数族裔的高中毕业生人数在不断增加，因此也导致了加州大学的少数族裔申请和录取学生人数的持续性增加。图 12-2 显示，从 2003 年到 2009 年，少数族裔申请数增加了 62%；被录取学生增加的比例基本上反映了申请学生增加的比例(61%)。但各校对少数族裔学生的吸引力有所不同，因此少数族裔申请学生增加的比例也有很大差异。例如，申请圣迭戈分校的少数族裔学生从 2003 年到 2009 年只增加了 28%，而在戴维斯分校和莫赛德分校少数族裔申请学生在同一时期增加了将近 80%。另外，除了两所竞争相对弱的莫赛德分校和河滨分校外，其他学校录取的少数族裔学生增加的比例并没有反映申请学生增加的比例。例如，申请伯克利分校的少数族裔学生从 2003 年到 2009 年增加了 58%，但录取学生只增加了 25%；这种差距在尔湾分校和圣迭戈分校更大。

表 12-6 显示了少数族裔申请学生和被录取学生的比例以及从 2003 年到 2009 年的变化情况。数据显示，从 2003 年到 2009 年，少数族裔申请学生占所有申请学生的比例增加了 7 个百分点。但数据也显示，少数族裔学生的增

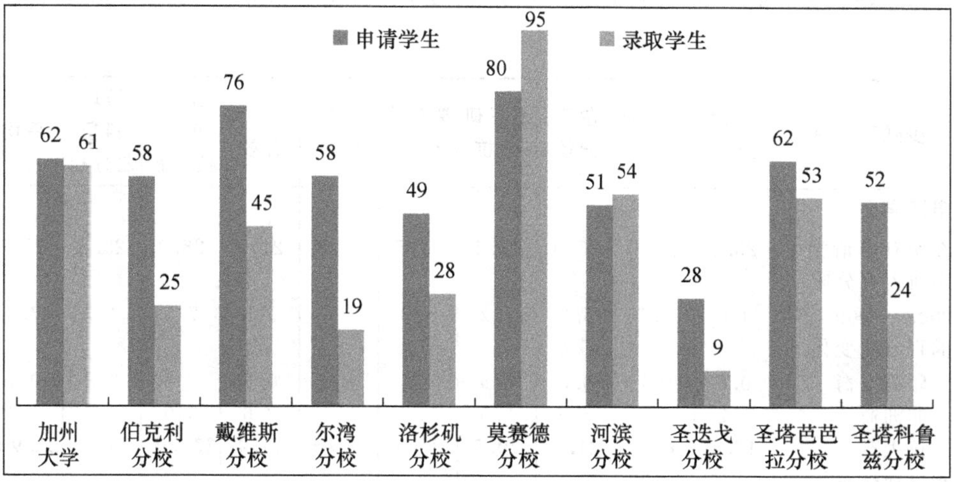

图 12-2 2003—2009 年加州大学少数族裔申请学生和被录取学生人数的增加百分比

长主要是由于西班牙裔学生的增长而引起的。表中"+"表示增幅超过 5 个百分点。与此同时，少数族裔录取学生所占比例也增加了 6.4 个百分点，略低于少数族裔申请学生的增长幅度。当然，少数族裔录取学生的变化也主要是由于西班牙裔生学生数的增加而引起的。图 12-3 所包括的两个图分别显示了加州公立中学少数族裔毕业生占所有毕业生的比例与加州大学少数族裔申请学生和被录取学生占所有申请学生和被录取学生比例之间的差异。显而易见，申请加州大学的少数族裔和被加州大学录取的少数族裔学生的比例都远远低于高中少数族裔毕业生的比例。例如，在 2009 年毕业的加州公立高中生中，49％的学生是少数族裔，而在申请加州大学的加州公立高中毕业生中，少数族裔的比例仅为 31％，相差 18 个百分点。这个差距从 2003 年到 2009 年并没有明显缩短。在被加州大学录取的学生中，差距甚至更大。如在 2009 年，在被加州大学录取的加州公立高中毕业生中，少数族裔所占比例为 28％，低于少数族裔高中毕业生比例 22 个百分点，这个差距与 2003 年是一致的。这些数据表明，从族裔的角度审核，加州大学录取学生的多元化与高中毕业生的多元化之间存在显著性差异。加州大学需要在保证招收学生的卓越质量的同时，做出更大的努力来缩短这个差距。

表 12-6　2009 年少数族裔申请学生和被录取学生的比例以及从 2003 年到 2009 年的变化

单位：%

少数种族裔	伯克利分校	戴维斯分校	尔湾分校	洛杉矶分校	莫赛德分校	河滨分校	圣迭戈分校	圣塔芭芭拉分校	圣塔科鲁兹分校	平均
申请学生										
在所有申请学生中所占百分比	23.4	22.5	25.9	26.4	32.5	35.8	21.5	28.0	25.2	27.9
2003—2009 年的百分比变化	4.8	6.1	5.3	5.2	5.8	7.6	3.8	7.8	4.7	7.0
印第安裔	0.6	0.7	0.5	0.6	0.6	0.8	0.6	0.8	0.8	0.7
非洲裔	5.2	4.1	3.9	5.3	5.6	6.6	3.6	5.0	3.8	5.4
拉美裔	**17.6**	**17.7**	**21.4**	**20.5**	**26.2**	**28.7＋**	**17.4**	**22.2＋**	**20.6**	**21.9＋**
被录取学生										
在所有录取学生中所占百分比	17.2	20.2	18.6	18.5	30.4	32.4	16.6	24.9	22.4	25.5
2003—2009 年的百分比变化	1.6	5.4	2.5	2.5	6.1	7.2	1.8	6.5	4.4	6.4
印第安裔	0.6	0.7	0.5	0.5	0.8	0.6	0.4	0.8	0.9	0.7
非洲裔	3.3	2.6	2.0	3.6	4.9	5.4	1.9	3.4	2.5	4.0
拉美裔	**13.4**	**16.9＋**	**16.0**	**14.4**	**24.7＋**	**26.5＋**	**14.2**	**20.8＋**	**19.1**	**20.8＋**

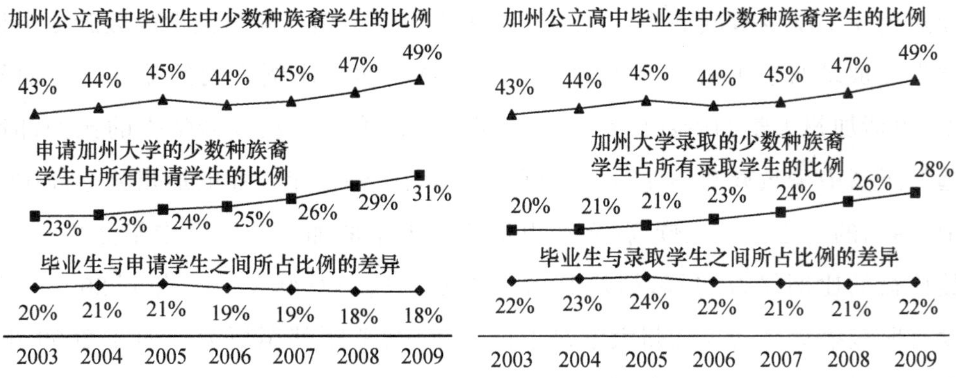

图 12-3　加州公立中学少数族裔毕业生占所有毕业生的比例与加州大学少数族裔申请学生和被录取学生占所有申请学生和被录取学生比例之间的差异

表 12-7 进一步表明，当所有分校的招生都变得更加激烈时，非洲裔学生的录取率与其他族裔录取率之间的差距也在加大。如前所述，在所有加州大学的 9 所学校中，亚裔的录取率是最高的。表中的百分比是各种族裔学生的录取率与族裔最高的录取率（在伯克利分校、戴维斯分校、洛杉矶分校、圣迭戈

分校，亚裔的录取率最高；在其他四所学校，白人的录取率最高）之间的比例。黑体字的百分比是指低于80%的比例。根据美国联邦民权法规定，如果最高录取率与最低录取率之间的比低于80%，就必须做"差异影响分析"（disparate impact）来寻找造成这种差异的原因。通常情况下，两个不同背景的群体之间的比率越小，越展示政策的公平性。在加州大学的这项分析中，比率最小的是在圣迭戈分校的亚裔学生和非洲裔学生之间（48%），以及尔湾分校的亚裔与非洲裔之间（47%）。这种趋势自1998年以来没有太大变化。2001年实施的"综合评价"政策似乎也没有对这种情况产生太大的影响。当然，"综合评价"政策单独不能帮助非洲裔学生解决录取率低的问题。拉美裔学生在伯克利分校、尔湾分校、洛杉矶分校以及圣迭戈分校也面临了同样的问题。招生委员会需要进一步审核录取过程，检查招生过程是否存在偏见和利用了对非洲裔学生不利的评价因素，并探讨好的方法来缩小差距。

表12-7 2009年各族裔申请学生录取率与最高录取率之间的比例

项目	伯克利分校	戴维斯分校	尔湾分校	洛杉矶分校	莫赛德分校	河滨分校	圣迭戈分校	圣塔芭芭拉分校	圣塔科鲁兹分校	平均
非洲裔	**58%**	**61%**	**47%**	**61%**	83%	**75%**	**48%**	**64%**	**62%**	**71%**
亚裔	100%	100%	100%	100%	95%	95%	100%	98%	94%	100%
拉美裔	**70%**	91%	**68%**	**63%**	89%	85%	**73%**	89%	88%	90%
白人	97%	96%	98%	94%	100%	100%	85%	100%	100%	97%

（三）入学趋势分析

申请加州大学的学生可以被加州大学的多所学校录取，而且这些学生也可以申请其他学校，并被录取，所以被加州大学录取的学生不一定最终选择加州大学就读。因此，评价学生的入学趋势对审核招生政策、加强入学管理、改进助学资助办法都有帮助。评价学生入学趋势的指标通常称为"产出率"，即入学学生占录取学生的比例。它反映了招收学生的最后入学成果。目前加州系统的"产出率"是61.7%。其中12.5%的录取学生选择就读州立大学，5.4%的学生就读社区学院，10%的学生入读私立大学。除此之外，加州大学也非常关注优秀学生的入学趋势。表12-8展示了加州大学录取的根据高中成绩和入学考试成绩排名的前 33%的学生的入学趋势。尽管数据显示在 2008 年大约有 64.8%的学生选择就读加州大学,但这个趋势从 2003 年起有略微下降的发展。相反,选择就读竞争激烈的私立大学(录取率低于 50%)的学生在不断增加。在 2008 年,大约有 20.8%的优秀学生入读私立大学,5.1%的学生去了州立大学,8.0%的学生选择了其他大学。因此,当大学开始招收越来越多的优秀学生时,它们的"产出率"也在发生变化。这个趋势在决定招生人数时必须予以考虑,否则可能会对入学计划的实施造成影响。

表 12-8　加州大学录取的顶尖学生的入学趋势　　单位:%

项目	2003	2004	2005	2006	2007	2008	2003—2008 的变化
加州大学	67.2	65.5	67.3	66.3	65.9	64.8	−2.4
州立大学	5.3	4.9	4.7	4.5	4.8	5.1	−0.2
社区学院	2.2	1.7	0.9	1.7	1.5	1.3	−0.8
竞争激烈的私立大学	17.1	19.0	19.3	19.5	19.7	20.8	3.6
其他大学	8.3	8.9	7.7	8.0	8.0	8.0	−0.3

图 12-4 横线上面的两条曲线分别展示了所有学生和少数族裔学生入读加州大学的趋势,横线下面的两条曲线分别展示了所有学生和少数族裔学生入读私立大学的趋势。数据显示,排名在前 1/3 的少数族裔学生入读加州大学的比例通常低于其他学生,而他们入读私立大学的比例高于其他学生。也就是说,少数族裔的优秀学生更加倾向于选择私立大学就读。例如,在 2008 年,在所有录取的学生中,65%的学生选择就读加州大学,21%的学生选择就读私立大学;而对少数族裔来说,入读加州大学和私立大学的比例分别是 52%和 34%。

表 12-9 展示了对加州大学录取的前 1/3 学生最具吸引力的 20 所大学。这些大学包括顶尖的私立大学,也包括州立大学。例如,在所有被加州大学录取的学生中,有 862 名学生最终入读南加州大学,这是加州大学最强的竞争对手。加州州立理工大学是公立大学中吸引加州大学录取学生最多的大学,共计有 611 人入读这所学校。当然,加州州立理工大学的工程学科是非常强的,有的专业甚至比加州大学个别分校的专业还要强。这也是这所学校吸引加州大学录取学生的主要原因。

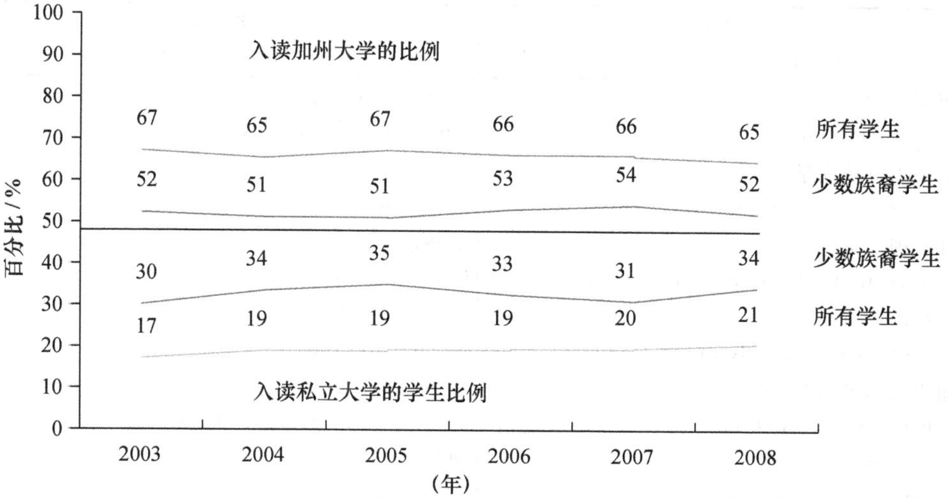

图 12-4　2003—2008 年排名前 1/3 的所有录取学生与少数族裔学生的就读加州大学和私立大学的趋势比较

表 12-9　对加州大学录取的前 1/3 学生最具吸引力的 20 所大学(2008 年录取学生)

所有学生（表中数据是就读人数）		少数族裔学生（表中数据是就读人数）	
南加州大学 University of Southern California	862	南加州大学 University of Southern California	174
加州州立理工大学 California Polytechnic State University	611	斯坦福大学 Stanford University	120
斯坦福大学 Stanford University	317	加州州立理工大学 California Polytechnic State University	56
纽约大学 New York University	215	麻省理工学院 Massachusetts Institute of Technology	36
太平洋大学 University of the Pacific	140	哈佛大学 Harvard University	34
康奈尔大学 Cornell University	137	普林斯顿大学 Princeton University	26
西北大学 Northwestern University	114	耶鲁大学 Yale University	26
哈佛大学 Harvard University	108	布朗大学 Brown University	24

（续表）

所有学生 （表中数据是就读人数）		少数族裔学生 （表中数据是就读人数）	
布朗大学 Brown University	105	宾夕法尼亚大学 University of Pennsylvania	23
圣塔克拉拉大学 Santa Clara University	102	杜克大学 Duke University	22
麻省理工学院 Massachusetts Institute of Technology	96	康奈尔大学 Cornell University	20
宾夕法尼亚大学 University of Pennsylvania	94	达特茅斯学院 Dartmouth College	18
加州大学圣迭戈分校 University of San Diego	87	加州州立大学长岛分校 California State University—Long Beach	16
乔治城大学 Georgetown University	83	纽约大学 New York University	15
杜克大学 Duke University	83	坡茂娜学院 Pomona College	14
华盛顿大学（西雅图） University of Washington-Seattle	76	西北大学 Northwestern University	13
约翰斯·霍普金斯大学文理工程学院 Johns Hopkins University Arts，Science and Engineering	73	约翰斯·霍普金斯大学文理工程学院 Johns Hopkins University Arts，Science and Engineering	13
加州奥兰治查普曼大学 Chapman University-Orange	69	卫斯理学院 Wellesley College	12
加州州立大学长岛分校 California State University—Long Beach	68	圣塔克拉拉大学 Santa Clara University	12
西方学院 Occidental College	64	克莱蒙特麦肯纳学院 Claremont McKenna College	11

为了更加有效地评价招生政策和评价方法，了解未被录取学生的入学趋势也是非常重要的。由于绝大多数申请学生都申请了伯克利分校和洛杉矶分校（大约占所有申请学生的70%），而且这些学生也都申请了加州大学的其他学校，我们也通过数据分析了解被这两所学校拒绝的学业成绩排名在前1/3的学生的入学情况（图12-5）。数据显示，被这两所学校拒绝的学生中倾向于就读加州大学的学生是入读私立大学学生的3倍多（分别是62%和18%）。但少数族裔学生就读加州大学的比例低于50%，有30%的学生入读私立大学。由于加州大学各分校的竞争程度不同，而且择优录取的标准和侧重点也

不同，我们可以考虑把学业成绩排名在前 50%的学生调剂到加州大学的其他学校，这样或许可以增加学生选择就读加州大学的学生比率。

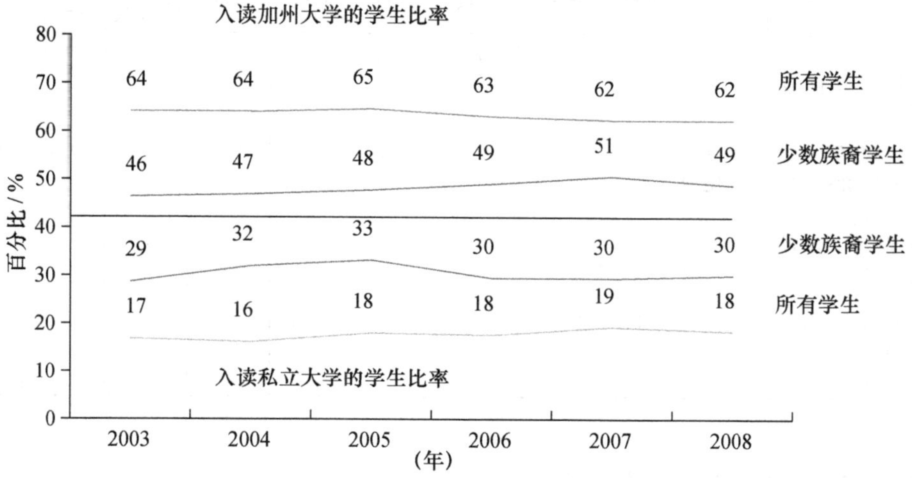

图 12-5　被伯克利分校和洛杉矶分校拒绝的排名在前 1/3 的申请学生的入学趋势

（四）入学学生第一年的学业表现

入学学生的学业表现是评价招生政策和结果的一个重要指标。表 12-10 展示了加州大学入学学生第一年的保留率和平均绩点。加州大学对入学学生的学业有很高的要求。如果平均绩点低于 2.0，学生会受到警告，如果在下一个学期不能将成绩提升到 2.0 或者以上，将被开除。数据显示，加州大学本科学生第一年的保留率（一年后继续就读的比率）将近 93%。尽管保留率仍然需要提高，但 93%的保留率也显示各学校录取的学生具有很高的成功率。在 9 所学校中，6 所学校的保留率高于 91%，两所学校在 87%以上，莫赛德分校大约是 84%。另外，数据也显示，几乎所有学校的保留率从 2003 年到 2008 年都有提高，河滨分校和戴维斯分校提升了将近 2 个百分点。毫无疑问，如果莫赛德分校改进其招生程序和大学辅导项目，保留率也一定会有所提高。大学一年级的平均绩点比较稳定，其中五所学校的平均绩点超过 3.0。从全国的大学一年级的成绩来看，由于学生从高中到大学的过渡，以及适应大学教师的期待和评分体制，一年级的成绩普遍较低。

表 12-10 加州大学入学学生第一年的学业成就

项目	伯克利分校	戴维斯分校	尔湾分校	洛杉矶分校	莫赛德分校	河滨分校	圣迭戈分校	圣塔芭芭拉分校	圣塔科鲁兹分校	平均
2008 年入学学生第一年的保留率/%	96.4	92.3	94.3	96.6	83.7	87.6	95.2	90.7	89.1	92.6
从 2003 年入学学生到 2008 年入学学生第一年保留率的变化/%	没有变化	1.5	1.2	0.1	1.1	1.9	1.4	−0.2	0.7	0.6
2008 年入学学生第一年的平均绩点	3.25	2.89	2.94	3.22	2.60	2.61	3.03	3.05	3.01	2.99

二、"综合评价"评审结论

加州大学"综合评价"制度明确规定：加州大学通过严格、科学的招生原则和评价标准实现大学理事会制定的"招收代表加州居民多元化特征的优秀学生"的目标。加州大学招生和学校关系委员会在以上数据分析的基础上，为了更加有效地完成大学理事会的招生目标，将《审核报告》对当时执行的招生原则(下面阐述第一至八项原则)进行了部分修改，并增加了四项新的原则(第九至十二项原则)。这些原则也是从 2010 年以来加州大学本科招生以及招生结果审核的指南和标准。在改进招生质量方面发挥了重要作用。

原则一：加州大学的招生必须重视申请学生的学业成绩，并将学生取得的学业成就作为优先考虑因素。与此同时，大学要根据申请学生所拥有的学习机会和遇到的挑战全面审核学生的学业和个人成就，以及未来能够为大学做出贡献的潜力。

原则二：加州大学必须利用多种指标通过"综合评价"组建新一届学生。

原则三：不能通过任何单项指标录取任何比例的学生。

原则四：各学校的招生政策必须确保大学能够招收学业成绩卓越，且具有多方面天赋、才能、个人经验和社会背景的新一届学生。

原则五：各分校在制定和实施本校的招生制度时，有一定的灵活性。学校层面的制度必须与加州大学系统的总体制度和人才选拔评价标准保持一致，但也要反映本校的办学理念和价值取向。

原则六：必须提供足够的证据，来证明招到的学生通过接受加州大学的教育后有能力为加州和美国的知识创新，文化、社会和政治经济的发展做出贡献。

原则七：招生制度必须能最大程度地保证招收到的学生能坚持完成加州大学的本科教育，顺利毕业。

原则八：必须保证不能拒绝任何未经过“综合评价”的申请学生。

原则九：当区分具有同等竞争力的学生时，大学必须对学业成绩和个人成就同等对待，并选拔更加具备加州大学及其毕业生卓越品质的学生。

原则十：大学必须给符合加州大学招生“地方合格性标准”（参看本章前面的解释）的学生优先录取权。

原则十一：在评价过程中，大学必须将标准化考试成绩以及学业指标与影响学生学业背景的个人和学习机会等因素结合起来考核，这些因素包括家庭收入状况、学校开设的课程、就读学校的大学升学理念等。

原则十二：评审人员必须参加培训。在培训时，培训人员应该审核他们的评价结果，确保他们的评价反映了学生的背景、特殊情况以及个人成就。为了确保评审的质量和一致性，评审过程必须包括对评审过程本身的监督和对评审结果的统计分析。

三、小结

大学招生审核工作非常重要，既是对招生政策和结果的评价，也是为完善和改进招生政策提供实证性研究证据的过程。笔者从 2005 起就参加加州大学相关的审核工作，深深体会到这项工作的重要性，也亲自体验到了加州大学招生和中学关系委员会对这项工作的重视程度。同时，笔者也看到了招生和中学关系委员会在政策制定和改进中对实证性研究结果的使用程度。所有这一切的出发点都是追求招生的“卓越和公平”。当然，背后更深层次的理念支撑是“以学生为本”的大学教育理念和培养多元化人才的办学任务。

第十三章　加州大学本科招生政策评价“涵盖性”指标体系探究[①]

一、背景介绍

加州大学对招生政策的改革始终以科学的政策评价结果为依据。加州大学定期对招生结果进行评价，加州大学招生和中学关系委员会对招生政策的评价尤为重视和全面。自 2001 年“综合评价”制度实施以来，分别于 2002 年、2009 年以及 2012 年开展了三次全面综合的评价工作[②③④]，并将评价结果向全社会公布，在增强招生透明度和接受社会监督的同时，也广泛征询各界人士的意见和建议，为完善政策积累经验。除此之外，招生和中学关系委员会还制定一系列专项指标，通过对招生结果进行追踪评价来衡量政策的合理性。另外，校长办公室、各分校的招生办公室以及院校研究办公室都配备专门从事招生政策评价和招生数据分析的工作人员，承担大量的评价工作。例如，加州大学

---

① 本章内容原发表于《考试研究》2015 年第 1 期，与北京考试院李佳合写。此处有删改。

② The University of California Academic Senate. First-Year Implementation of Comprehensive Review in Freshman Admissions: A Progress Report from the Board of Admissions and Relations with School[EB/OL]. http://senate. universityofcalifornia. edu/committees/boars/yr1compreview. pdf,2002-11/2014-01-19.

③ The University of California Academic Senate. Comprehensive Review in Freshman Admissions at the University of California[EB/OL]. http://senate. universityofcalifornia. edu/reports/HP_MGYreBOARS_CR_rpt. pdf,2014-01-19.

④ The University of California Academic Senate. Comprehensive Review in Freshman Admissions at the University of California [EB/OL]. http://senate. universityofcalifornia. edu/committees/boars/BOARSREPORTCOMPREHENSIVEREVIEW2012. pdf,2014-01-19.

自2009年以来，每年颁发的年度《问责报告》中关于本科招生方面的评价指标占相当大的比例。[①] 2013年的报告总共包含130多项评价指标，其中本科招生的指标有14项，大约占10%。除此之外，加州大学校长办公室及其各分校在不泄漏学生隐私的情况下，也为学者提供学生层面的数据，供他们开展独立的研究和评价工作。例如，丽贝卡·兹威克（Rebecca Zwick）编辑出版的《重新思考SAT：标准化考试在大学招生中的未来》所汇集的众多研究论文都基于加州大学的招生数据。[②] 所有这些综合性的评价和研究对加州大学完善招生政策都发挥了巨大的推动作用。本章所介绍的“涵盖性”指标体系就是招生委员会制定的用来评价加州大学招生政策在多大程度上反映了加州多元化经济、文化、族裔等诸多方面的特征。[③]

二、“涵盖性”指标体系

加州大学将“涵盖性”（inclusiveness）定义为大学录取的学生涵盖加州不同地区、不同学校、不同家庭背景学生的程度。“涵盖性”指标从“中学背景”和“家庭背景”两个一级指标、五个二级指标以及若干参数（如表13-1所示）来评价加州大学的本科招生结果，其目的是帮助加州大学监控其招生结果是否与其招收学生必须代表“全州人口组成”的承诺一致。“中学背景”指标包括三个二级指标，分别为“阶段性”“录取率”和“差异性”指标。“家庭背景”指标包括两个二级指标，分别是“家庭收入”和“父母教育程度”指标。每一项二级指标又包括不同的指标参数和统计比较维度。

① The University of California Office of the President. Accountability Report[EB/OL]. http://accountability. universityofcalifornia. edu/report. html，2014-01-25.

② Rebecca Zwick. Rethinking the SAT：The Future of Standardized Testing in University Admissions. New York and London：RoutledgeFalmer，2004.

③ The University of California Academic Senate. Inclusiveness Indicators[EB/OL]. http://senate. universityofcalifornia. edu/committees/boars/boars. indicators. pdf，2014-01-19.

表 13-1 “涵盖性”指标体系结构

一级指标	二级指标	指标参数	统计维度
中学背景	阶段性	十年级入学人数、中学毕业生数、完成加州大学要求的高中课程人数、参加大学入学考试人数、申请加州大学人数、录取人数和大学入学人数	全体、族裔、性别
	录取率	学校组别、录取率、录取百分比	全体、族裔、性别
	差异性	预计录取数、录取差(族裔录取差、高中录取差)	种族、学校内部、学校之间
家庭背景	家庭收入	录取百分比、适龄人口比	全体、族裔
	父母教育程度	录取百分比、适龄人口比	全体、族裔

(一)“中学背景”指标

1.“阶段性”指标

“阶段性”指标是追踪评价加州公立高中的学生从十年级开始(入学人数,用 N_1 表示),有多少学生在三年后圆满毕业(毕业人数,用 N_2 表示)、完成加州大学招生要求的七类不同学科的课程(人数,用 N_3 表示)、参加了大学入学专业课(SAT Ⅱ)考试(人数,用 N_4 表示)、申请了加州大学(人数,用 N_5 表示)、被加州大学录取(人数,用 N_6 表示)、最终进入加州大学(人数,用 N_7 表示)。指标结果用百分比表示,计算方法是:

$$N_k/N_{k-1},(\text{其中 } k=1,2,\cdots,7)$$

此项指标从种族和性别两个维度进行测评,并从十年级开始,一直到大学入学进行客观的动态描述。例如,表 13-2 展示了 2002 年入学的十年级学生到 2005 年高中毕业,并一直到进入加州大学的每一阶段的发展情况。表中第一部分的数据显示:2002 年所有十年级的学生大约有 47 万,到 2005 年仅有 75.3%的学生高中毕业,而完成加州大学所要求课程的学生仅占 26.5%,参加大学入学专业课考试的学生只有 13.6%,申请加州大学的学生占 11.6%,有 9.9%的学生被加州大学录取,最后仅有 5.7%的学生进入加州大学学习。相比之下,少数族裔 2002 年十年级的学生在所有这些“阶段性”指标上的百分比都较低,如高中毕业率为 67.1%;加州大学录取学生的比率是 4.2%;最终进入加州大学的学生仅占 2.2%，低于全体学生比率 3.5 个百分点。

表 13-2　2002 年十年级学生在 2005 年毕业并进入加州大学的"阶段性"指标测算结果

项目	N_1	N_2	N_3	N_4	N_5	N_6	N_7
全体学生							
总数	471 726	355 225	124 984	64 203	54 663	46 804	27 062
N_1/%	100.0	75.3	26.5	13.6	11.6	9.9	5.7
N_2/%		100.0	35.2	18.1	15.4	13.2	7.6
N_3/%			100.0	51.4	43.7	37.4	21.7
N_4/%				100.0	85.1	72.9	42.2
N_5/%					100.0	85.6	49.5
N_6/%						100.0	57.8
少数种族裔学生							
总数	237 488	159 426	38 588	14 191	13 299	10 023	5 156
N_1/%	100.0	67.1	16.2	6.0	5.6	4.2	2.2
N_2/%		100.0	24.2	8.9	8.3	6.3	3.2
N_3/%			100.0	36.8	34.5	26.0	13.4
N_4/%				100.0	93.7	70.6	36.3
N_5/%					100.0	75.4	38.8
N_6/%						100.0	51.4

2. "录取率"指标

"录取率"指标的计算前提是先根据毕业生数之和将所有中学平均分成十组，使得每组州属公立中学的毕业生数占全部州属公立中学毕业生数的10%，再按每组州属公立中学在加州大学的录取率由低到高排名。这项指标包含两个参数，即"录取率"和"录取百分比"。"录取率"是每组中学被加州大学录取的学生数占该组学校毕业生的百分比。"录取百分比"是加州大学从每组中学录取的学生数占其当年来自加州公立中学总录取数的百分比，计算方法如下：

$$\text{录取率}=\frac{\text{每组学校录取数}}{\text{每组学校毕业数}}(\%)\text{；录取百分比}=\frac{\text{每组学校录取数}}{\text{总计录取数}}(\%)$$

如表 13-3 所示，2005 年加州公立中学共有毕业生大约 35.5 万，第一组学校包括大约 3.55 万学生。这样在根据单组学校录取率排名的学校名单中，前 760 所学校既被划分在第一组。加州大学录取这些学校毕业生的平均录取率是 0。相反，第十组的 104 所学校同样包括大约 10%的毕业生，但平均录取率为 40.3%，该组录取学生占所有录取学生的比率是 31.3%。

不难看出，囊括大部分高中的组别（如第一组、第二组），其录取率和录取百分比都不高，而被录取的所有学生中，有将近一半（17.8%＋31.3%＝49.1%）来自于第九和第十组的高中。换言之，加州大学招收的 50%的学生来自于占所有高中数的 10%，或者说 20%的高中毕业生所就读的 194 所高中。显而易见，加州大学的“录取率”和“录取百分比”在学校之间存在显著性差异。

另外，除了表 13-3 所展示的所有毕业生的录取率和录取百分比外，这部分的指标体系也用同样的方法从种族和性别两个维度进行了测评，通过对不同群体在各类高中的录取率和录取百分比进行比较，判断这两项二级指标在学校之间的差距。结果显示，学校之间的差异同样存在于不同种族和性别的学生之间。

表 13-3 “录取率”与“录取百分比”指标测算结果

高中组别	该组中学数	该组毕业生数	该组录取数	录取百分比	录取率
第一组	760	35 516	0	0.0%	0.0%
第二组	375	35 455	909	2.0%	2.6%
第三组	116	35 274	2 089	4.5%	5.9%
第四组	110	35 541	2 669	5.8%	7.5%
第五组	98	35 005	3 171	6.8%	9.1%
第六组	99	35 920	3 907	8.4%	10.9%
第七组	93	35 593	4 757	10.3%	13.4%
第八组	98	35 782	6 071	13.1%	17.0%
第九组	94	35 156	8 231	17.8%	23.4%
第十组	104	35 983	14 498	31.3%	40.3%
总计	1 947	355 225	46 302	100.0%	13.0%

3. “差异性”指标

“差异性”指标用来进一步测量种族差异在学校内部与学校之间所存在的差异性。报告分别就“修课”“高考”“申请”“录取”和“入学”五阶段的种族差异给出了 2001—2005 年的动态分析。“差异性”指标的测算维度有弱势群体、非洲裔、拉美裔。表 13-4 展示了弱势群体(非洲裔、拉美裔和印第安裔)在学校内部和学校之间存在的录取差比例。

表 13-4　加州大学录取学生的种族差异在学校内部与学校之间的“差异性”指标测算结果

项目	2005 年	2004 年	2003 年
A. 弱势群体的实际毕业数	159 426	149 725	144 827
B. 整体录取率(加州大学录取人数/毕业生数)	13.18%	12.74%	13.85%
C. 如果没有种族差异,弱势群体的预计录取数(＝A×B)	21 006	19 075	20 059
D. 弱势群体的实际录取数	10 023	9 106	9 550
E. 弱势群体的录取差距 (＝C－D)	10 983	9 969	10 509
F. 如果学校内部没有种族差异,弱势群体的预计录取数	15 045	13 442	14 680
G. 由于学校内部种族差异所造成的弱势群体 H 的录取差距 (＝F－D)	5 022	4 336	5 130
I. 由于学校之间的种族差异所造成的弱势群体的录取差距(＝E－G)	5 961	5 633	5 379
J. 学校内部种族差异带来的录取差距占弱势群体录取差距的比 (＝G/E)	46%	43%	49%
K. 学校之间种族差异带来的录取差距占弱势群体录取差距的比 (＝I/E)	54%	57%	51%

3.1　弱势群体的录取人数差距

以 2005 年为例,弱势群体的实际毕业生数为 159 426(见表 13-4 的 A 项)。如果弱势群体与所有其他学生享有共同的录取率(13.18%,见表 13-4 的 B 项),那么他们的预计录取数应为 21 006(见表 13-4 的 C 项,C＝A×B)。而 2005 年弱势群体的实际录取数是 10 023 (见表 13-4 的 D 项),那么,弱势群体的录取人数的总体差距为 10 983(见表 13-4E 项,E＝C－D)。

3.2　学校内部弱势群体录取差

为了计算学校内部种族差异所造成的录取差,我们首先假设学校内部没有种族差异,并预测录取数,然后减去实际录取差距数,即可得录取差。如表 13-4 所示,弱势群体的录取差(G)是预测弱势群体的录取数(见表 13-4 的 F 项,计算方法阐述如下)减去弱势群体的实际录取差距(E)。

假设加州共有 n 所高中，每所高中内的弱势群体毕业生数为 $m_1, m_2, \cdots, m_n$，加州大学在相对应的高中的总体录取率为 $k_1, \cdots, k_m$，那么，所有学校预计的弱势群体的录取数之和为，$F = \sum(m_n k_m)$，计算结果是 15 045。如此可得：由于高中内部弱势群体差异所造成的弱势群体的录取差为 5 022(G=F-D)。

3.3　高中之间弱势群体录取差

根据第一步计算所知，弱势群体的总体录取差是 10 983(E)。而这个差距从学校的角度考虑是由两部分组成，即学校内部和学校外部弱势群体的差异。根据第二步计算所知，学校内部因素造成的录取数差距是 5 022(G)，那么由于学校之间的差异所造成的弱势群体的录取数差距应为：

$$I = E - G = 5\,961$$

最后再根据上面的结果，计算由于学校内部和学校外部弱势群体差异所造成的录取差距的比例，也就是学校内部和学校外部弱势群体的差异对加州大学弱势群体录取数差距的影响比重。计算方法及结果如下：

学校内部的差异性比例(J)：$= G/E = 0.46$

学校之间的差异性比例(K)：$= I/E = 0.54$

综上所述，加州大学 2005 年的招生分析结果显示，学校内部的弱势群体差异可以解释弱势群体录取数差距的 46%，而学校之间的差异可以解释 54%。从近五年的这一跨度来看，2001 年和 2002 年，学校内部的种族差异对录取差距所造成的影响大于高中之间的族裔差异所造成的影响；从 2003 年开始，这种影响有所变化，学校之间族裔差异造成的影响大于学校内部的族裔差异，且一直处于上升的趋势。

(二)“家庭背景”指标

“家庭背景”指标包括“家庭收入”和“父母受教育程度”两个二级指标，旨在分析经济和教育水平在多大程度上影响学生的入学机会。二者均从“录取百分比”和“适龄人口家庭比”两个参数入手，分析和比较父母不同收入或教育背景下子女的入学机会。所谓“录取百分比”是指来自某一群体的录取数占当年加州大学录取总数的比；“适龄人口家庭比”是指加州某一群体的适龄人口家庭数占当年加州适龄人口家庭总数的比（适龄人口家庭是指有 5—18 岁子女的家庭数）。即：

$$录取百分比=\frac{当年某一群体录取数}{当年来自加州的总录取数}$$

$$适龄人口家庭比=\frac{当年某一群体的适龄人口数}{当年加州适龄人口总数}$$

其中“家庭收入”指标是对不同收入阶层下的“适龄人口家庭比”和“录取百分比”的对比；“父母受教育程度”指标是对不同教育水平下的“适龄人口家庭比”和“录取百分比”的对比。两个二级指标中的参数对比都是分别针对 2005 年和 2004 年的统计数据，围绕总体和不同族裔的学生展开的。

以“家庭收入”指标在 2004 年的整体测算结果为例（如图 13-1 所示，原图为条状图，为了更清楚地展示变化趋势和二者之间的差异，本书改用曲线图），全州有大学适龄人口的家庭中，只有 22％的家庭收入达到 10 万美元及以上，而加州大学录取的所有学生中，有 32％的学生来自于家庭收入在 10 万美元及以上的家庭。由此可知，占有少数人口比的高收入家庭，其子女入学机会更大。同时，通过收入阶层的辈出率，即录取百分比与适龄人口比的比，也不难看出，10 万美元及以上收入的家庭，其辈出率高达 145％（32％/22％），说明该收入阶层的子女所获得的加州大学入学机会远远高于全体阶层的平均水平。

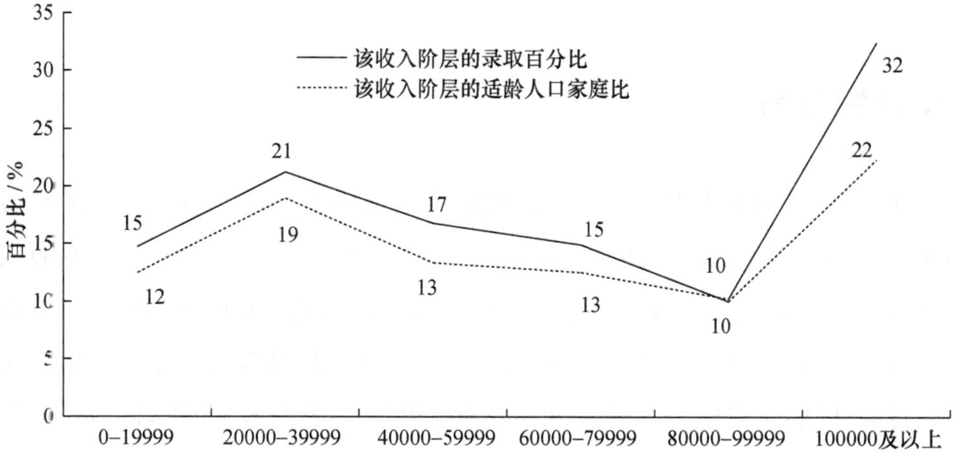

图 13-1　不同收入阶层的加州居民在 2004 年的录取比例指标测算结果

同理,"父母受教育程度"指标将父母双方的最高教育水平进行分类,通过比较不同教育水平内的录取百分比和适龄人口比,来判断不同教育阶层的加州居民在2004年的录取比例指标测算结果。如图13-2所示,加州具有适龄学生的家庭中,只有16%的双亲最高教育程度达到研究生水平,而加州大学录取的学生中,父母亲中有一方具有研究生学历的比例高达39%,辈出率为244%。不难看出,随着父母教育水平的提高,其子女入学机会亦将明显高于同龄人。

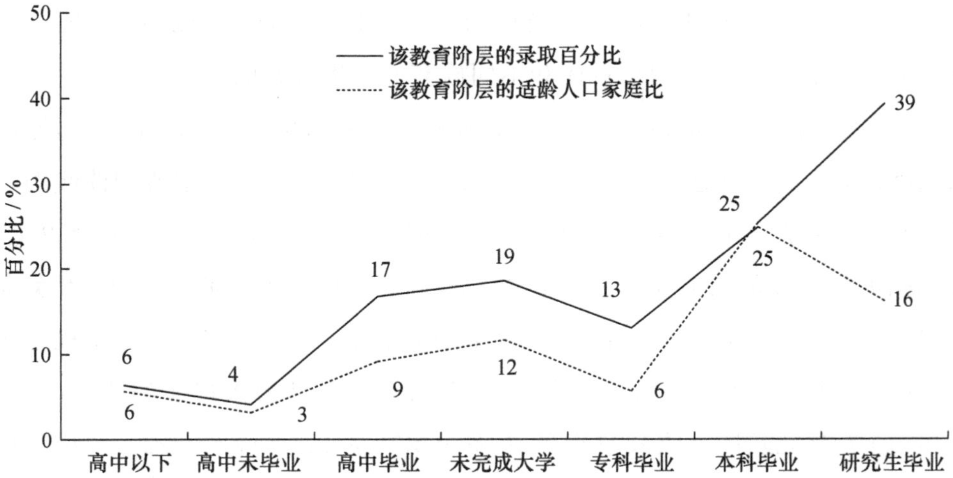

图13-2 不同教育阶层的加州居民在2004年的录取比例指标测算结果

三、小结与启示

如上所述,加州大学的"涵盖性"指标是对由中学和家庭背景不同所导致的入学机会差距的测量和评价。指标涵盖族裔、性别、父母的教育层次和收入水平等。主要的测算参数包括中学生阶段性发展情况、毕业率、录取率、录取差、录取百分比、人口百分比等。这种在大量统计数据基础上对本科招生政策所进行的评估,不仅能为大学制定合理的招生政策提供科学依据,同时也能帮助中学了解由于学生背景的差异所导致的在学习成果上的差距,从而制定更为合理的教学和培养方案,并促进学生的共同发展。我相信加州大学招生政策评估的经验和实施办法对我国的本科招生政策的评估，特别是入学机会的评价有一定的参考价值和借鉴意义。

首先，重视招生政策的科学评价工作，构建合理的评价组织机构，配置大学招生政策评价的专业人员。如前所述，加州大学的招生办公室以及院校研究办公室均配置专门从事大学招生评价的人员。事实上，美国所有的大学都有专门从事大学招生政策研究和评价的队伍，并要求招生负责人掌握评价政策的技能。美国大学招生咨询协会在 2011 年开展的一项关于招生办公室主任的合格标准的调查结果显示，统计学知识和数据分析技能在调查的 9 项标准之中仅次于招生工作经验，排列第二。[①] 这足以说明大学招生政策的评价在招生办公室的组织机构建设中的重要性。最近几年，我国省级考试院虽然加强了研究和评价工作的力度，但大都聚焦于考试方面的研究和评价，作为省级招生政策的制定部门，对招生政策评价的力度尚需提高。大学招生部门的人员配置本来就紧缺，加之招生工作量的增大，特别是“985”大学“自主招生”工作量的增大，现有的工作人员几乎没有任何时间和精力从事招生政策的评价工作。根据美国大学的经验，为了科学合理地开展招生政策的评价工作，满足招生制度的改革需要，省级考试院的普通高校招生办公室以及研究型大学招生办公室需要配置一位负责招生政策评价和研究的副主任、2—3 位专门从事评价的工作人员。

其次，建设完整、长效的数据系统，为政策评价提供基础。前面所阐述的加州大学“涵盖性”指标体系的数据来源包括：1) 加州教育局(高中学生数和毕业生数)；2) 美国大学考试机构(参加考试的学生数)；3) 加州大学的招生数据系统(申请和录取人数)；4) 加州大学学生注册系统(入学人数以及学生的相关背景信息)；5) 加州人口调查数据系统(加州居民背景信息)。与美国所有高校一样，加州大学校长办公室院校研究与学术规划办公室从未中断数据系统的完善和构建工作。虽然用于“涵盖性”指标体系的数据仅是其决策支持系统(Decision Support System)以及相关院校研究系统的一部分，但我们仍

① CLINEDINST M E, HURLEY S F, HAWKINS D A. 2011 State of College Admission[DB/OL]. National Association for College Admission Counseling, 2011.

然可以一窥加州大学决策支持系统所包含数据的多样性、完整性以及长效性。更不难推测,相关部门对数据分享的意识和态度。事实上,在美国分享数据已是一种责任,甚至有法律的保证。我国高校数据系统的建设远远落后于美国大学,数据分享既缺乏基础条件,又缺乏理论和实践理念。数据是科学地开展政策评价的基础,为了加强这一基础建设,省级考试院需与大学分享所有考生的成绩,大学招生部门以及有关院校研究部门必须建立包括申请学生信息、录取结果、学生学习结果等信息的完整、长效性的数据系统。

再次,加强招生政策的实证性评价力度,为招生制度的改革提供有效的科学证据。基于实证研究的招生政策评价是提高决策绩效的有力途径,它有助于规避以往所依赖自我认知经验对政策进行评价的主观臆断性。美国做到了这一点:从招生过程到政策实施结果,从审核政策制定的理念到模拟招生结果与招生改革目标的一致性等,美国的大学都是通过基于数据分析和统计学方法给出科学的判断。而我国在这个领域的评价,多数趋于用定性研究方法,结果普遍缺乏完整的实证性依据。如考试分值比重的改变是否合理?过程化考核下的项目权重应是多少?自主招生的实施在多大程度上促进了大学招生的“卓越”与“公平”?要想寻求可信服的方法来回答这些问题,恐怕非实证性研究莫属。当然,造成目前这种实证性研究薄弱的原因有诸多方面,如招生数据缺乏透明度、相关人员配置短缺等,但最重要的还是决策理念问题。对此,省级考试院和高校的招生办公室应从改变决策理念入手,从“经验型”向“证据型”的决策模式转变。只有这样我们的决策才会更具绩效,实证性研究结果也才有“用武之地”。

最后,重新思考和探讨大学招生所追求的“卓越性”与“公平性”的定位,构建一个符合我国国情的“卓越与公平”并举的大学招生机制。加州大学的“涵盖性”指标体系是帮助他们发现问题,并以此寻求解决的办法。显而易见,个人背景差异、学校差异、家庭背景差异都对学生的学业完成情况有影响,并最终导致招生结果的不均衡。当然,加州大学虽然期待录取的学生从这些因素来看能够反映加州的人口组成,但他们从未因此考虑按照这些因素的比例来划分招生人数。他们所采纳的实现招生“卓越与公平”的方法是通过对学生综合素质的评价，并充分考虑学生接受教育的机会差异给他们带来的影响。相比美国这种综合性的招生评价办法，并基于教育机会的公平定位，审视我国这种单凭两天高强度考试和以考试分数为基础的录取办法，无论从卓越还是从公平的角度考量，都不免简单。因此，构建一个符合我国国情的基于“卓越与公平”的大学招生评价机制是目前亟待解决的问题。它不仅影响大学教育质量的改善，也直接影响民族素质的提高和综合国力的提升。

第十四章 数据挖掘技术在招生预测中的应用[①]

数据挖掘(data mining)是一项新兴技术。作为商业智能(business intelligence)的重要组成部分,它已被广泛应用于企业及金融领域,并成为产品分析、市场预测、欺诈防范等工作流程中举足轻重的技术手段。近年来,随着高校数据收集量的不断增加以及教育决策对量化分析结果的越加依赖,数据挖掘在美国高校管理中的应用呈显著上升趋势。本章首先介绍数据挖掘的基本概念和方法,然后阐述作者利用数据挖掘技术预测招生结果的案例,并进一步阐述科学研究方法的应用在招生中的重要性。

一、数据挖掘技术:概念界定与方法阐释

(一) 数据挖掘技术

数据挖掘是集数据库结构、统计学原理、机器学习、高性能计算等为一体的复杂技术融合体[②],是通过抽样、整合处理、建模、评估等一系列科学运作,从数据中探寻隐藏的信息和知识的过程。[③] 这些知识和信息可能体现了挖掘

---

① 本章内容原发表于《复旦教育论坛》2009 年第 2 期。原文也收集在作者于 2016 年在同济大学出版社出版的《院校研究的发展与应用》一书中。此处有删改。

② PETERSON M. Institutional research and management in the U. S. and Europe: Some EAIR-AIR comparisons. In Roddy Begg (ed.), The Dialogue between Higher Education Research and Practice. Kluwer Academic Publishers: New York. 2003: 31-44.

③ 常桐善. 构建院校智能体系:院校研究发展的新趋势. 高等教育研究,2009(10):49-54.

对象的个体特征，也可能反映了研究群体的发展变化趋势，等等。例如，我们可利用数据挖掘技术将具有共同或者相近属性的案例分群、分类，也可估算和预测未来某种事件发生的可能性，亦可探究某些事件发生的规律。[①]

（二）数据处理与整合

数据清理与整合（data cleaning and integration）是数据挖掘的关键步骤之一。数据不准确、不完整都会导致分析挖掘结果的误差，从而影响获取隐藏在数据中的有用知识和信息。目前，绝大多数用于挖掘的数据都来自于数据库。但由于数据往往来自于不同的组织或者数据库，变量的定义不尽相同，也没有可以用来合并数据集的通用变量，因此，挖掘人员在建模之前必须对数据进行整合，并检查变量值的类别、分布状况等。在许多挖掘项目中，处理数据所花费的时间比建模所花费的时间要多几倍。

在处理数据时，常见的棘手问题是对数据集缺失值（missing value）的填补和对偏态分布（skewed distribution）变量值的转换。处理缺失值有许多方法。一种是在分析数据时只包括具有完整数据的个体。但这种方法的弊端是有时缺失值本身反映了数据的某种特征，因此删除具有缺失值的个体会影响研究结果；另外，如果数据集含有非常多的缺失值，那么删除缺失值将使研究个体数额锐减，同样会影响研究结果。另一种方法是填充缺失值。有许多统计方法可用来完成这项工作，比如平均值（mean）、中位值（median）、回归方程（regression）预测等。数据挖掘软件通常提供多种方法供研究人员根据数据的特点选择使用。处理偏态分布或含有游离值的连续性变量同样有多种可选择的方法。当然，建模者要根据使用的建模方法决定是否需要对这些变量进行数据转换。如果决定需要对某些变量进行转换，建模者必须根据变量的分布状态选择转换方法。

① ROURKE F E, BROOKS G E. The Managerial Revolution in Higher Education. Baltimore: John Hopkins Press, 1966: 44.

(三) 数据挖掘方法

数据挖掘技术包括许多不同的方法，其中常用的有决策树(decision tree)、神经网络(neural network)、回归方程(regression)、逻辑回归方程(logistic regression)、关联(association rules)、聚类(clustering)、集成(ensemble)等。回归和逻辑回归方法和传统统计方法完全相同。本章仅对第三部分个案分析中使用的决策树、神经网络和集成方法予以简单阐述。

决策树(decision tree)是利用一系列的决策规则将庞大的数据集分割成较小的具有同等或者非常相近属性的子数据集。图 14-1 显示了决策树的生成过程。个案从根节点进入决策树，然后由函数变量和测试方法决定个案所归属的下一个子节点或叶节点。类似的程序重复循环直到所有的个案归属于某个叶节点。从根节点到每一个叶节点的路径形成一条“规则”。这些规则被用来对目标数据集进行预测分类。例如，图 14-1 所显示的决策树含有五个路径，分别代表一条规则。

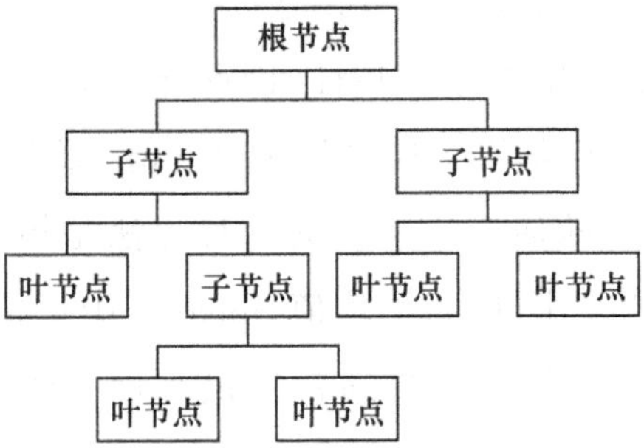

图 14-1　决策树生成示意图

神经网络(neural network)通过模拟人的神经活动程序来处理一系列信息。它是由类似于神经元的许多元素精密连接形成的网络，通常包括三个层次：输入层、隐藏层和输出层(图 14-2)。输入层是将原始数据输入到神经网络。隐藏层包含许多类似于“神经元”的节点。这些节点是通过对输入变量之间及其与目标变量之间的关系进行复杂运算产生的“权重”结果。输出层所包含的变量可能是单一性的，也可能是多重性的。它们是通过对隐藏层上的神经元和输出值之间的“权重”进行计算得到的。

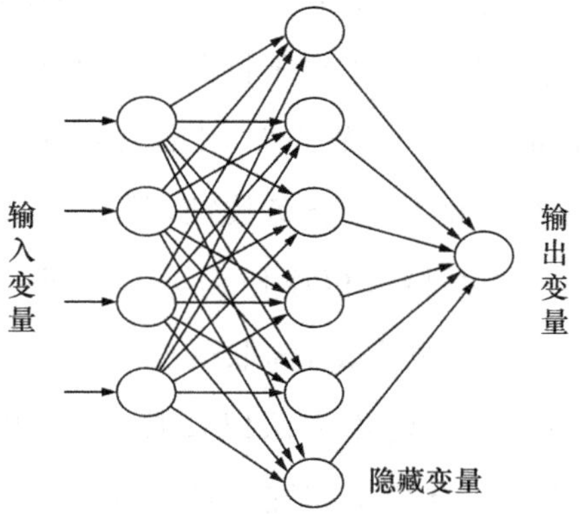

图 14-2　神经网络生成示意图

集成(ensemble)模型是以其他挖掘方法建立的模型为基础构建而成的。如果预测变量是分类型,集成模型则是通过对预测变量的百分比进行平均得到新的集成模型的预测百分比;如果预测变量是连续型,集成模型则是通过对预测值进行平均得到新的集成模型的预测值。常用的建立集成模型的方法有两种:一种是从原始数据集中抽取不同的子数据集,然后利用同一种挖掘方法建立不同的模型,并将这些模型综合建立集成模型;另一种方法是用同一个数据集,利用不同的挖掘方法建立模型,然后再将这些模型综合建立集成模型。

(四) 模型的建立与评估

建模时,通常需要将数据集分割(data partition)成运行(training)、确认(validation)和测试(test)三个子数据集。运行数据集(training dataset)是用来建立最基本的数据模型;确认数据集(validation dataset)是用来监测和调整利用运行数据样本所建立的模型,避免过分拟合(overfitting),同时用来对模型进行评价;测试数据集(test dataset),顾名思义是用来对模型进行测试,其本身并无优化模型之功用,但通过测试,建模者对模型的评价参数有了进一步了解,因此有机会决定是否需要重新对数据进行处理或者选择建模方法。当然,是否需要将原始数据集分割成三个子数据集以及每个子数据集所含案例的多少取决于原始数据集的大小。如果原始数据集不够大,亦可不进行分割,但建模效果可能会受到影响。

建立一个高准确度的模型不仅取决于数据集的质量，同时受建模参数和标准的影响。所有建模方法都有各自不同的参数和标准。例如，利用决策树建模时，建模者需要决定个案"叶节点""归属"或"分支"评定标准(splitting rule)，每个"叶节点"所含有的最少个案数额，等等。又如，建立集成模型时，可以选择平均概率，亦可选择最大概率作为分类标准。这些都需要建模者预先制定。当然，建模者可以反复尝试，选取最佳方案。

由于数据挖掘提供了多种建模方法以及技巧，因此模型评估和比较是建模不可或缺的程序。几乎所有数据挖掘工具都提供了多元化和可视化的模型评估以及比较方法，这也是数据挖掘技术与传统统计方法相比的优势之一。

数据挖掘通常包括六个步骤[①]：(1) 理解商业运行机制，包括长期规划、需要解决的问题、项目目的等；(2) 理解数据，包括了解数据收集过程、熟悉数据结构、判别数据质量以及识别对隐藏信息有用的元素等；(3) 描述数据，包括变量选择、数据整理、缺失值补充以及数据转换等；(4) 建模，包括建模方法选择、参数确定等；(5) 评估模型，包括对单个模型的评价以及多项模型的比较等；(6) 模型的应用。下面通过介绍加州大学本科招生数据挖掘项目对各个步骤予以阐述。

二、本科招生预测案例

(一) 加州大学招生简述及项目目标

加州大学 9 所分校在校长办公室的统一协调下通过"综合评价"制度的原则招收本科生(undergraduate student)。[②] "综合评价"制度包括两个步骤：第一步是对申请学生的合格性通过多种方法进行确定；第二步是对合格学生的

① CHAPMAN P, et al. CRISP-DM 1.0: Step-by-Step Data Mining Guide[DB/OL]. SPSS. [2008-11-21]. http://www.crisp-dm.org/CRISPWP-0800.pdf.

② 参看本书第八章"加州大学本科招生'综合评价'方法阐述"。

所有背景、特征及技能进行综合评定，并以此为标准做出录取决定。加州大学虽然保证录取所有合格的学生，但由于有的分校或专业竞争激烈，例如，伯克利分校、工程专业等，因此加州大学不能保证完全按学生的报考志愿录取。在这种情况下，所有合格但未被报考分校录取的学生，将被推荐到两所加州大学指定的分校，以确保尽可能录取每位合格的学生。另一方面，这两所分校也通过录取这些“落榜”的学生来增加其入学人数。由于加州大学的录取审核工作是由各分校负责进行，招生的最后决定到 4 月初才能见分晓。这时许多学生可能同时接到其他大学的录取通知，并需要在短期内选择自己要上的大学。因此，从吸引合格学生入学的角度来说，这时再向学生推荐这两所大学为时已晚。为了提前做好这一工作，校长办公室招生办公室在 1 月份申请截止日期之后就对申请学生的录取情况进行预测，并将这些合格但极有可能被拒的学生名单提供给这两所分校，供他们提前向学生宣传学校的情况，鼓励学生来这两所学校就读。校长办公室用来完成这项预测分析研究的工具就是 SAS Enterprise Miner 数据挖掘技术。

（二）数据理解及其描述

建模数据包括 2007 年申请加州大学的大约有 4.5 万名合格学生，预测对象是申请 2008 年秋季入学的大约 4.8 万名合格学生。这些数据都储存在加州大学学生数据库中。被预测的因变量(dependent variable)是指能否被申请学校录取，自变量(independent variable)包括学生的个人信息、学习成绩、家庭信息以及就读学校信息(表 14-1)。其中家庭收入、高中成绩以及入学标准化成绩为连续性变量，且都有缺失值(missing value)存在。此项目利用决策树、神经网络和回归建立预测模型。为了确保三种模型的可比性，建模数据具有同等数量的研究对象非常重要。因此，必须对缺失值进行补充。经过多种尝试，平均值方法被证明在此项目中最为有效。另外，家庭收入偏态分布显著，且含有许多游离值。虽然决策树和神经网络方法都不要求变量必须呈现正态分布，但对逻辑回归方法来说，如果变量偏态分布显著，极小一部分案例可能对挖掘结果产生很大影响。因此，对家庭收入变量进行数据转换很有必要。根据数据分布特征，平方根在此项目中是最有效的转换方法。缺失值的补充和家庭收入变量值的转换分别通过图14-3中显示的“缺失值填充节点”（impute）和“数值转换节点”（transform variables）完成。

表14-1　加州大学本科招生数据挖掘模型自变量列表

变量	类别	描述
族裔	分类	7种类型：非洲裔，亚裔，西班牙裔，白人，印第安裔，其他，缺失
语言	分类	4种类型：英语，英语和另一种语言，另一种语言，缺失
申请学校	分类	7个二分变量分别代表一个分校
申请专业	分类	4种类型：社会科学，科学，工程，其他
家庭住地	分类	7种类型：加州7个不同的地区
家庭收入	连续	父母年收入
父母教育程度	分类	父亲或者母亲的最高教育程度
参加活动情况	分类	二分变量，是否参加加州大学提供的学前准备活动
就读学校排名	分类	根据加州统一考试的排名，种类从1到10，以及缺失类
高中成绩	连续	高中GPA
入学成绩	连续	以较高的SAT或ACT成绩计算的加州大学入学成绩

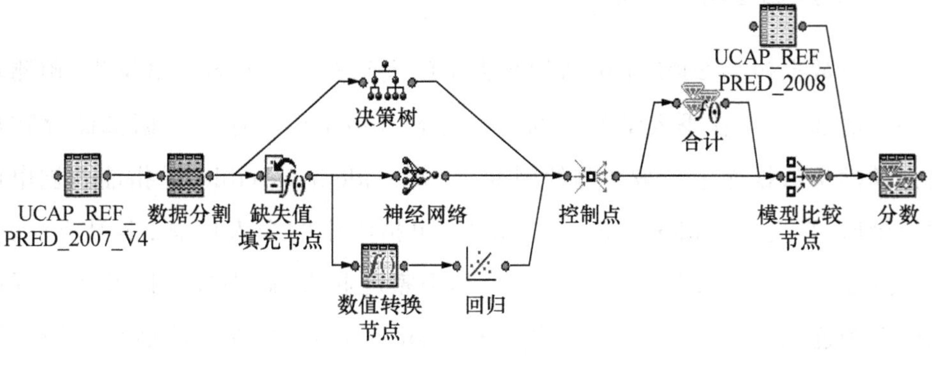

图14-3　建模流程图

(三) 建模及模型评估

图14-3中的第一个节点是用于建模的2007年数据集节点，通过这个节点可以观察原始数据集的分布情况。利用数据分割（data partition）节点通过随意抽样方法将建模数据集分为运行、确认和测试数据集，运行数据集占总数

据集的40%,确认和测试数据集各占30%。运行决策树、神经网络、逻辑回归以及集成节点分别生成四个模型。前面已经提到,在运行每一个节点之前需确定相应的建模标准。当然,可以通过多次尝试,选择最佳方案。

SAS挖掘工具提供了多种不同的评估模型的方法。这些方法既可用来对单个模型进行评估,也可用来对所有模型进行比较。通过运行图14-3中显示的模型比较节点(model comparison with ensemble)即可得到比较结果。ROC(the Receiver Operating Characteristic)曲线(图14-4)是一种常见的比较模型准确度的方法。纵坐标显示的是预测到的"事件"除以真实发生的"事件"总和,被称为敏感度(sensitivity),横坐标显示的是1减去特指度(specificity)。特指度是由预测到的"非事件"数除以真实存在的"非事件"数的总和。当敏感度和特指度越高,ROC曲线向左上方推进越大,模型的准确度也越高。图14-4中的对角线代表了基准度。如果模型的ROC曲线和基准线重叠,那么这个模型将毫无预测效果。四个模型中,集成、神经网络和逻辑回归的ROC曲线几乎重叠,准确度非常相近。但决策树的ROC曲线明显向右下方倾斜,因此准确度最低。模型的准确度也可用曲线右下方所占整个坐标区域面积的百分比表示,被称为ROC指标(ROC index)。ROC指标越高,模型的准确度越高。ROC指标显示集成模型的准确度最高(表14-2)。

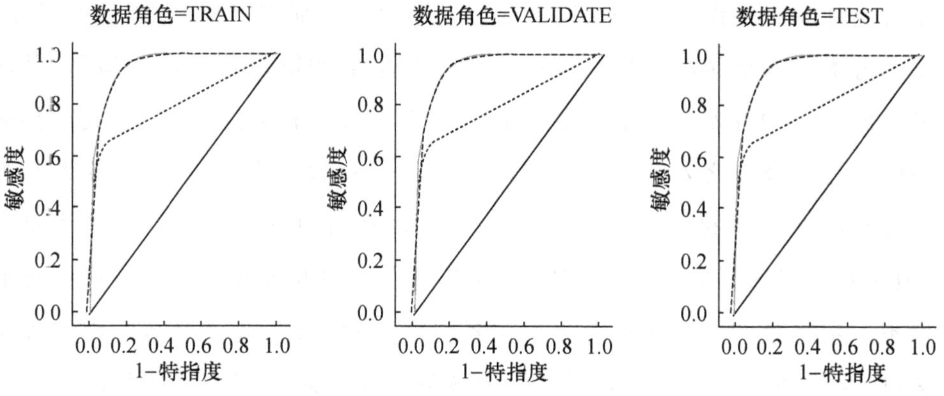

图14-4 模型ROC曲线评估比较图

图14-5显示了测试数据集模型预测"事件"发生累计(cumulative % captured responses)曲线分组比较结果。这种比较方法是先将研究对象按照预

测“事件”发生概率从大到小排列，然后分成相同的若干组，再查看不同模型在相同组内所预测到的“事件”占所有真实“事件”的比例。例如，从图 14-5 我们可以看出，集成、回归以及神经网络模型都能够在前 20 组内或者说排名在前 20％的研究对象中成功预测到大约 80％的所有“事件”；相反，决策树在相同的组内只能预测到大约 65％的“事件”。就此项目而言，这些比较结果告诉我们，如果我们选择集成模型，并对 2008 年合格学生按预测概率排序的前 20％的学生进行宣传，那么我们可以预测到 80％的最终被推荐到两所分校的学生。

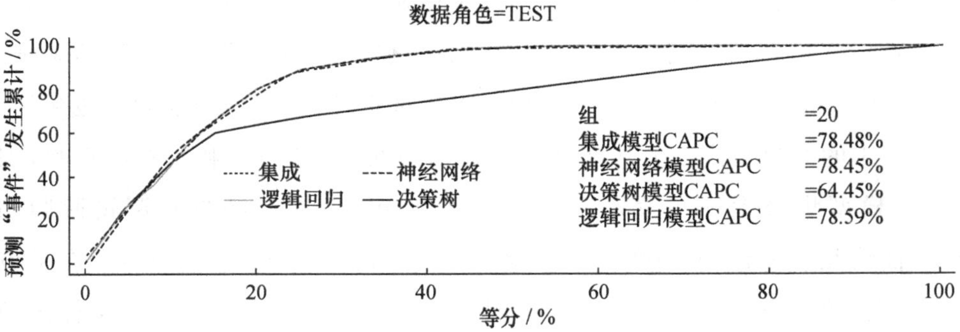

图 14-5　测试数据集模型预测“事件”发生累计曲线分组比较图

表 14-2 是 SAS 数据挖掘工具提供的部分模型比较统计方法以及结果。错误分类比率是错误分类的个案数除以个案总数。显然，错误分类比率越小，模型的分类准确率越高。集成模型在三个数集上的错误分类比率最低，其次是神经网络。均方差是个案考察结果（“事件”＝1；“非事件”＝0）和其被预测“事件”发生的概率之差的平方和除以考察个案总数。均方差越小，模型越准确。神经网络模型的均方差在所有三个数集上的均方差最小。需要注意的是，由于每一种统计方法从不同的角度考察模型的准确性，因此，它们评价的结果不一定完全相同。建模者要根据各自的项目目的，选择合适的模型评价方法，以及最终用于对未来数据进行预测的模型。此研究项目的目的是将学生分类，即是否被录取，因此，选择“错误分类比率”作为确定最佳模型的方法。也就是说，集成模型是本项目最终选用的模型。

表 14-2　模型评价统计指标

统计测试方法/测试数据集	集成	神经网络	逻辑回归	决策树
错误分类比率(misclassification rate)				
运行数据集	0.1026	0.1042	0.1047	0.1054
确认数据集	0.1038	0.1043	0.1057	0.1116
测试数据集	0.1043	0.1049	0.1067	0.1105
均方差(average squared error)				
运行数据集	0.0702	0.0699	0.0725	0.0858
确认数据集	0.0721	0.0714	0.0740	0.0893
测试数据集	0.0717	0.0710	0.0742	0.0882
ROC 指标 (ROC index)				
运行数据集	0.9422	0.9399	0.9384	0.7976
确认数据集	0.9373	0.9357	0.9348	0.7912
测试数据集	0.9375	0.9357	0.9336	0.7952

另外，通过对每个模型的单独考察，还可以进一步了解每个变量在建模中所起的作用。图 14-6 显示了逻辑回归(logistic regression)方程中变量系数绝对值的排序，第一个直条代表回归方程中的常数。第二个直条代表高中成绩绩点，在建模中作用最重要，表明高中 GPA 在加州大学本科招生中的影响力最大，GPA 越高，被拒绝的可能性越小。

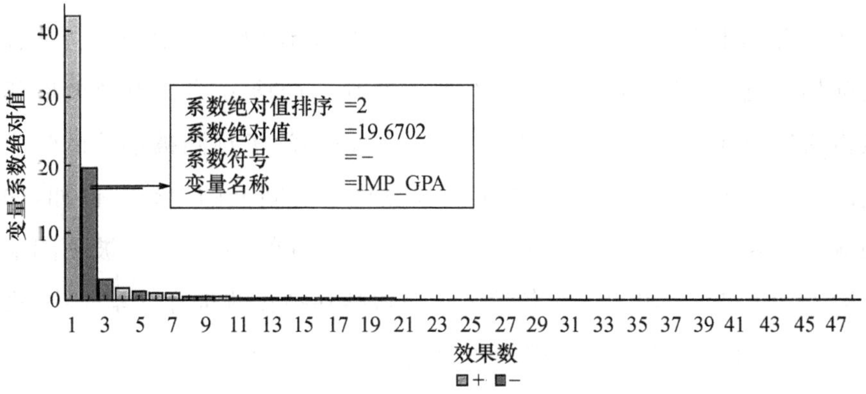

图 14-6　逻辑回归变量系数绝对值排序条形图

图 14-7 显示了决策树的根节点和第一级的分支变量及其统计数据。首先，和上面提到的回归方程一样，决策树图表明高中 GPA 在决策树建模中具

有最重要的作用。其次，从叶节点中我们还可以看到，当申请学生的 GPA 等于或大于 3.6 时，他们被申请学校拒绝的概率仅为 7%。换句话说，在这种情况下，仅有 7%的学生被推荐到加州大学的两所分校。相反，如果申请学生的 GPA 小于 3.6，有 37%的学生有可能被申请学校拒绝。进一步考查决策树全图，我们可以了解所有影响构建决策树的变量以及分支数值和有关统计结果。

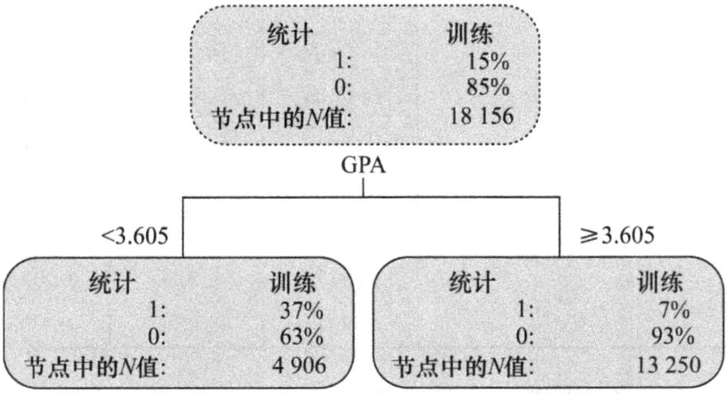

图 14-7 决策树根节点以及第一级子节点统计数据

(四) 预测结果及其应用

选定最佳模型后，可以利用图 14-3 中显示的积分节点(score)生成 SAS 程序，用来计算预测数据集个案“事件”发生的概率。通过集成模型计算，2008 年的 4.8 万学生中有 7 770 名学生将被预测推荐到加州大学的两所分校。根据实际招收结果，共有 8 460 名学生被推荐到这两所分校。预测被推荐的学生数占实际被推荐学生数的 92%。表 14-3 还列举了预测被推荐的学生人数和实际被推荐的学生人数之间在不同预测概率区间上的比较。例如，如果选择预测概率在 50%或者以上的学生作为被推荐对象，那么总共被预测推荐的学生数将为 6 659，其中 4 597 名学生最终包括在被预测推荐的学生中，准确率为 69%。从预测人数占所有用于预测的群体的百分比累计以及实际被推荐人数占所有被推荐学生百分比累计来说，如果最低概率是 40%，那么，65%的实际被推荐学生将来自于 17%的所有被预测群体。

表 14-3　预测被推荐学生人数和实际被推荐学生人数在不同预测概率区间上的比较

预测被推荐学生的概率	预测被推荐学生人数累计	其中实际被推荐学生人数累计	准确率累计/%	预测学生人数占所有学生人数的百分比累计/%	实际被推荐学生人数占所有被推荐学生人数百分比累计/%
90%—100%	65	52	80.0	0.1	0.6
80%—100%	353	275	77.9	0.7	3.3
70%—100%	2 732	2 018	73.9	5.6	23.9
60%—100%	4 986	3 555	71.3	10.3	42.0
50%—100%	6 659	4 597	69.0	13.8	54.3
40%—100%	8 209	5 518	67.2	17.0	65.2

两所分校分别对预测概率等于或高于 40%的学生进行了宣传和意见征求。最后根据学生的反馈意见录取了 1 099 名学生(表 14-4)。这些学生中最终选择就读这两所分校的学生有 241,入学率接近 22%,相当于普通推荐学生入学率的三倍多。和前几年比较,2008 年被推荐学生的入学率提高 1.6—1.9 个百分点,被推荐学生的入学人数占所有入学人数的比例也上升了大约 2.5—3.2 个百分点。这些统计数据表明,预测模型有效地帮助这两所分校提高了被推荐学生的入学率。

表 14-4　预测被推荐学生入学情况比较

项目	2005 年	2006 年	2007 年	2008 年		
				合计	提前被录取的推荐学生人数	按时被录取的推荐学生人数
被推荐学生人数	6 170	6 090	6 923	9 300	1 099	8 201
被推荐学生入学人数	392	398	465	769	241	528
被推荐学生入学率/%	6.4	6.5	6.7	8.3	21.9	6.4
所有入学学生人数	3 691	4 006	4 412	5 770		
被推荐学生入学人数占所有学生入学人数百分比/%	10.6	9.9	10.5	13.1		

三、小结

综上所述,许多商业智能研究和统计方法在大学政策评价和数据分析中的应用已经非常广泛。它能帮助招生研究和管理人员更好地分析数据，从而获取潜藏的、有用的信息和知识，最终提高决策效率。众所周知，大学招生正在面临前所未有的挑战，例如，全球化竞争日趋激烈、政府拨款占经费开支的比率逐年降低、社会对大学办学质量的质疑和问责越加强烈、毕业生就业难度越来越大等。这些竞争都为大学实现招生的卓越性和公平性提出了新的难题。为了能在这些竞争中取胜，大学招生决策必须以科学的研究和分析为基础，开展相关领域的研究，对招生政策和结果进行实证性研究和评价。就像企业早已凭借商业智能（business intelligence）提高管理绩效一样，大学招生也必然需要借助院校智能模式提升招生绩效，完成组建新一届高素质、多元化的学生，为大学完成办学任务奠定基础。

第六篇

招生力

第十五章　大学本科“综合评价”招生力探讨[①]

一、招生力界定

招生力是大学实施招生工作的能力，不同的招生制度对招生力的要求是不一样的。在“唯分数论”的年代，招生以高考成绩为唯一依据，简单地说就是按照高考成绩把申请学生从高分到低分排名。有了这个排名，招生工作基本上就大局已定，按照成绩录取就可以了。所以从理论上讲，招生过程是非常简单的，不需太多的人力和财力，更不需要高端智能和技术的支持，小学水平的知识和能力即可满足这一工作要求。

但随着大学竞争日趋激烈，以及在人才培养等方面所发生的巨变，“唯分数论”的招生制度已经过时，既不能满足大学选拔多元化人才的要求，在公平性方面也遭到了诟病。因此，世界各国的大学都经历了招生制度的改革和完善的过程。这些改革分布在招生的各个领域和阶段，如对招生内涵价值的重新界定、对招生指标体系的拓展、对招生评价过程的重新构建等。美国是实施大学招生“综合评价”制度较早的国家，也已经积累了非常丰富的经验。美国的研究型大学通常将“综合评价”招生界定为：招生工作是选拔新一届学生，在确保学生能够完成本科教育的前提之下，也就是说招生的学生具备了完成大学学业的基本能力后，大学需要考虑的是如何组建新一届具有多元化特征的学生群体，如具有学业成绩拔尖的学生、具有创新能力的学生、擅长社会活动

① 本章内容原发表于《华东师范大学学报(教育科学版)》2017 年第 1 期。此处有删改。

和公益工作的学生、愿意担负组织领导职责的学生、来自贫困地区的学生等。因此，维克森林大学招生办公室主任认为，招生过程是“艺术性高于科学性”。也就是说，大学必须在利用科学的方法评价学生是否达到学业要求的同时，又不得不用一些具有“艺术性”的方法来组建一届具有多元化特征的学生。这样的招生结果更加有利于丰富大学校园文化，为更好地完成大学的教育任务打好基础。当然，美国大学招生人员也承认后面的这个“艺术性”的过程常常带有主观性，因此，他们也一直在努力寻找更加合理或者说是科学的指标来降低招生过程中“艺术性”的主观性导向。

在这样的招生理念指引下，美国研究型大学纷纷推出了“综合评价”制度。例如，加州大学于2001年正式颁布实施“综合评价”制度。需要说明的是，加州大学之前的招生也不是依靠单项指标，而是依据高中成绩、大学入学成绩等多项指标来选拔学生。当然，在“综合评价”制度中，大学对申请学生的评价要更加全面。加州大学“综合评价”制度的总体方针是：“招收具有卓越学业成绩和个人才能的学生，组建能够反映加州多元文化、族裔、地理、社会经济特征的新一届学生。”[①]总体方针进一步规定：“学校要利用多元化指标在充分考虑学生的背景和拥有的教育机会的前提下，评审学生的学业成绩和个人成就，以及为大学和社会做出贡献的潜能。”显然，“综合评价”是强调招生评价的综合性，也就是大学要通过多元化的评价方法、科学合理的评价过程来综合考查申请学生的学业成绩、个人成就以及其他方面的技能和素质，并以评价结果为依据做出相应的录取决定。

显而易见，与“唯分数论”的招生制度相比，“综合评价”招生制度需要更加缜密的招生原则、更加科学的评价指标体系、更加完整的个人信息资料、更加严谨公平的评审过程以及更加综合的数据分析和政策评价研究。圆满实施这些工作的挑战性不言而喻。招生组织机构仅仅具备“按照成绩排名”和“抢生源”的能力是远远不够的，必须从政策制定、申请资料收集、综合素质评审、招生数据分析等多方面提升招生工作的能力。这些能力也就是本章所要探讨的

---

① Board of Regents of the University of California. Regents Policy 2102: Policy on Undergraduate Admissions. http://www.universityofcalifornia.edu/regents/ policies/2102.html. [2016年4月17日检索]

招生力。还需要说明的是，美国的大学招生完全由学校自己负责，政府部门不参与。所以笔者所阐述的招生力也是指在大学拥有完全的自主招生资格时，招生组织机构应该具备的能力。招生组织机构包括大学的招生委员会、招生办公室以及辅助从事招生数据库建设和数据分析的信息中心、院校研究办公室等机构，但不包括教育行政管理机构、大学入学考试机构以及从事招生研究的学术组织。

二、"综合评价"招生力的基本组成及其内涵

(一) 政策的制定和政策实施监督能力

政策制定是指大学必须有能力根据其办学任务、教育模式和人才培养目标，以及高等教育发展的社会大环境制定相应的招生制度。也就是说大学按照制定的招生制度能够招收大学希望培养的学生。这项工作听上去容易，但在实际操作中难度很大，需要招生人员具备多方面的知识和能力，如人才需求标准、大学办学目标和发展方向、毕业生的绩效表现、大学的教育理念、往届招生结果、生源等。监督能力主要是从政策制定和实施的角度看，大学是否具备足够的内部监督能力和接受社会监督的意愿。

美国大学的招生政策通常是由教师组成的招生委员会制定。教师是教育和人才培养的实施主体，对什么样的学生能够适应和完成他们所在学校的教学目标最为了解，所以在招生政策的制定中应该最有发言权。当然，招生办公室的实践经验以及院校研究办公室从事数据分析的经验都会为招生委员会有效地制定招生政策提供实践和科学证据。由于招生政策的制定和实施分别由招生委员会和招生办公室负责，这样的机构实际上也形成了内部的招生监督机制。例如，加州大学的招生制度由教师组成的招生和中学关系委员会制定，大学理事会颁布实施。招生办公室负责具体的招生评价以及录取工作。招生委员会在院校研究办公室的配合之下，每年对招生过程以及结果进行审核，及时发现招生中存在的问题，并要求招生办公室予以改进。所以，招生委员会除

了制定政策，同时也扮演监督的角色。另外，为了提升社会监督能力，加州大学通过各种形式广泛宣传大学招生政策，并通过网络公布详细的招生数据，加强招生过程和结果的透明度。

（二）评审指标体系的构建能力

评审指标体系是在招生的总体方针和实施原则指导下开发的，是用来评价学生综合素质的标准，对招生的成功与否有直接的影响。评审指标的构建能力包括指标的确定、指标信度和效度的检验、指标合法性判断、指标权重的确定等。例如，在评价学生的学业成绩时，用高中成绩还是大学入学考试成绩，二者之间有什么区别，各自的利弊是什么；如果确定利用大学入学考试成绩，是选用SAT还是ACT；如果确定接受SAT和ACT，如何对不同成绩进行标准化换算；是否考核学生完成的大学先修课程成绩，有何优点和缺点。所有这些问题都需要在构建指标体系时利用实证性研究结果做出明确科学的回答。显然，完成这些工作需要学习成果评价、学习测量、学生能力发展等方面的理论知识和实践技能，同时也需要高端的数据分析能力和统计学技能。

毫无疑问，指标体系的构建是一项复杂而科学的过程。在美国大学，这项工作主要由教师组成的招生委员会完成。当然，招生办公室和院校研究办公室也会提供数据分析和研究方面的支持。有的大学也会聘请教育心理学、学习测量、考试机构的专家以及高中老师、本科学生参与。

（三）政策宣传和申请指导能力

如前所述，美国大学，特别是公立大学招生政策的制定过程是非常透明的。尽管如此，在政策和评价指标出台后，大学也通过多种渠道向社会各界广泛宣传和解释相关政策和评价指标体系，并回答家长、学生遇到的各种问题。事实上这些工作既有利于大学实现“综合评价”的招生目标，也有利于传播大学教书育人的理念和人才培养模式。这项烦琐的工作虽然不需要高深的理论，但需要招生工作人员具有丰富的协调和组织实践经验，并投入大量的人力和财力。

美国大学最常使用的政策宣传工具是互联网。几乎每一所大学的招生互联网站都会公布非常详细的招生信息,如招生的基本原则、评价指标体系、往届录取结果、学生资助、专业设置、学生学业完成情况等。需要强调的是,大学招生的基本要求和录取标准都是在其实施的前3—4年公布,以便让刚刚升入高中的学生就了解他们三年后(美国高中从九年级算起,大学申请是在十一年级的第一学期)申请大学时要达到的入学标准是什么,并提前做好大学申请准备。另一个非常重要的宣传和指导学生申请的途径是召开大学申请咨询年度会议。美国高中都配置大学申请咨询老师,是学校的正式职工。大学为了广泛宣传相关政策,每年召开年度咨询会议,邀请中学入学申请咨询老师参加。招生人员会非常详细地解析招生制度、指标体系、要求学生提交的申请资料、个人陈述的撰写要求、评价过程以及往年的招生结果等。第三个途径是大学举办开放日。当然,开放日的主要目的是向已经被录取的学生宣传大学的教学情况以及大学的实验室、住宿、图书馆等设施,其目的是吸引被录取的学生入学。但由于开放日是免费的,也欢迎所有学生参加,所以每年的开放日也有很多没有申请大学的中小学生以及他们的家长参加。招生办公室也会利用这个机会大力宣传招生制度和评价方法。另外,在申请期间,招生办公室提供24小时在线服务,为申请学生解答问题。

(四)申请资料收集和评审平台建设能力

开展"综合评价"的前提条件是大学必须按照评价指标体系的要求收集到申请学生的详细信息。这些信息必须具备广度和深度两个特征。广度是指信息涵盖范围广,包括学业成绩、个人成就、中学教育背景、家庭背景、社会活动参与情况等领域;深度是指要求提交的信息非常详细,如中学学业领域的信息就包括申请学生在中学阶段修习的所有课程的内容(如代数、生命科学等)、课程类别(普通课程、先修课程、大学课程)、修课时间(哪一年级、哪一学期)、成绩等。招生部门必须有能力组织和协调招生系统的开发工作,或者有能力选择商业性的申请系统。

无论是利用自己开发的系统,还是商业性的申请系统,大学在收集申请资料后都需要建立合理安全且易于操作的评审平台。美国大多数大学都已经建立计算机评审平台,但有的大学仍然使用纸质评审办法。无论是哪种形式,招生部门都需要对原始申请资料进行处理,如计算学生的高中成绩、入学考试排名、对相关信息进行标准化处理等;另外,还要增加有关学生高中就读学校的背景信息、往年的招生结果等。这一切工作都需要在较短的时间内通过计算机的自动化程序生成,所以招生部门必须具备很强的计算机管理和应用能力,或者相关领域的组织管理能力,与信息中心合作开发这样的评审平台。

(五) 评审和录取决定能力

综合评审申请资料和录取决定的能力主要强调招生部门合理评审申请资料,并根据结果做出录取决定的能力。这项能力直接反映了评审人员的专业化水平和职业化道德素质。专业化水平包括对大学招生原则和指标体系的熟悉程度及其评分标准的理解。例如,美国大多数大学并没有确定"综合评价"每一项指标的权重,而是要求评审人员根据学生的综合素质打分(有的大学是1—10分,有的大学是1—100分),所以评审人员必须掌握统一的打分标准,也就是说什么样的学生可以得高分,需要评审人员达成一个共识。职业化道德素质是指评审人员一定要按照原则对学生的综合素质进行评审,避免主观倾向的影响;另外,由于综合评审包括学生的详细信息,所以要求评审人员必须按照招生评审原则对所有申请学生一视同仁。选择合理的评审程序也是招生力的一部分。比如,在加州大学,每一位申请者的材料需要两位评审人员评审,如果两位评审人员的打分差异大于一定的程度,需要由第三位资深评审人员再评,然后取最相近的两个分数计算平均值作为最后的综合评价结果。综合评价结果是做录取决定的重要依据,但不是唯一依据。招生人员在做出最后的录取决定时还要考虑许多其他因素,如专业、特殊背景等。

提升评审能力的最佳途径是培训。几乎所有的大学在评审之前都要组织一周时间的培训工作。大学招生人员会详细介绍招生制度、评价标准等。但最重要的培训内容是模拟评审。培训组织者会从往年的申请资料中选取典型案例,让参加培训的人员评审,然后比较评审结果,并根据评价指标的要求进行讨论。这样反复进行，直到评审结果的误差小于可以接受的统计值。另外，大学也会把新评审人员的数量控制在三分之一以内。

（六）数据系统建设能力

在大数据时代，大学的一切运营或多或少都会与数据扯上关系。招生作为大学运营最基础、最复杂的一项工作，自然与数据脱不了干系。因此，构建强大的数据系统对顺利完成“综合评价”招生工作意义重大。也可以肯定地说，如果没有这样的数据系统，前面阐述的“综合评价”各项活动的基础就是空中楼阁。有鉴于此，招生办公室必须具备建设数据系统的意愿和配合设计数据系统的能力。这些能力包括收集、整合、储藏数据等一系列能力。当然，系统的技术开发可以由学校的信息中心负责实施，但招生办公室必须从数据用户的角度出发提出系统开发的构思和基本要求。通常情况下，这个数据系统包括：中学基本信息，如入学情况、毕业生情况、往年的升学率、平均入学考试成绩等；申请信息，包括学生的所有申请资料；大学入学考试成绩，从考试部门获取大学入学考试成绩。除此之外，招生人员可以将这些数据与学生入学系统、注册系统、就读经验系统等链接起来，构建庞大的数据分析平台，为招生数据分析和招生结果评价提供服务。

数据系统的建设需要专业知识和技能。对招生办公室来说，提升数据系统建设能力最重要的工作包括两个方面：一是非常清楚数据需求和数据界定，如招生评价和相关研究需要什么数据、数据含义、数据来源、处理过程等，这样才能有效地配合信息中心开发数据系统；二是帮助解决开发数据系统所需要的经费。

（七）数据分析和招生结果评价能力

数据分析和招生结果评价的主要目的是为完善和改革招生制度，以及有效地开展招生工作提供实证性依据。这些工作包括中学毕业生情况分析、劳动力市场对大学生技能的需求分析、大学生学业完成的预测因素研究（如判断标准化考试成绩的信度和效度）、招生结果的多元化分析（家庭收入、父母教育背景、族裔、生源地、生源学校等)、学生入学后的学业成绩分析、新制度模拟招生(按照新的招生制度,用过去的招生数据进行模拟招生,检验新政策的有效性和实践性),等等。显然,为了完成这些工作,工作人员必须非常熟悉中学的教学情况(如课程开设情况、评分标准等)、标准化考试、大学招生政策、评价指标体系、招生过程,而且必须熟练掌握统计学方法、数据库应用等方面的技能。

为了加强招生数据分析和结果评价力,美国大学的招生办公室通常都设置从事招生数据分析和招生结果评价的专职工作人员。例如,加州大学伯克利、戴维斯等分校的招生办公室都设置从事这项工作的副主任职位,而且都是具有多年招生经验的人员担任这一职务。另外,大学的院校研究办公室通常也配置专职分析人员,协助招生办公室进行数据分析和招生结果的评价工作。

(八) 招生政策研究能力

招生政策研究的目的是确保大学的招生政策符合大学的办学方向和教育目标,以及整个高等教育发展的大环境和人才培养的基本规律,同时与国家的法律和政策吻合。当然,招生委员会也希望通过政策研究为大学制定和进一步完善招生制度提供实证性依据。要完成这一任务,招生组织机构和相关部门(政策研究办公室、院校研究办公室等)必须具备政策分析能力、掌握定量和定性研究方法。

三、结语与启示

综上所述,大学招生“综合评价”的目的是通过多元化的评价方法、科学合理的评价过程来综合考查申请学生的学业成绩、个人成就以及其他方面的技能和素质。招生力是顺利实施“综合评价”制度的关键。根据美国大学的经验,招生力包括合理制定招生制度的能力、科学评价申请资料的能力以及数据分析能力等。但需要强调的是,这些能力虽然不尽相同,但它们之间存在密不可分的关系,并起到相辅相成的作用。缺少任何一方面的能力,招生力的完整性都会受到影响。美国大学的经验对中国大学提升招生力有借鉴价值。

首先,大学要转变招生理念,深刻领会"综合评价"的内涵对提升招生力具有重要意义。中国从20世纪70年代末恢复高考至今,除了近些年的自主招生外,基本上是通过高考成绩录取学生。这种招生制度在广大民众的心目中似乎是最公平的,但作为教育部门和大学必须清楚地认识到这种制度的弊端,也因此必须从根本上转变招生理念,从行动上采纳"综合评价"招生办法。同时,大学必须认真分析开展"综合评价"工作所需要的条件和技能,深刻领会招生力的基本组成。只有这样才能有的放矢地提升招生力,才能为有效地实施"综合评价"制度打好必要的理论和实践基础。否则,"综合评价"也只是一张空头甚至是扭曲的"理论"支票,没有实践平台。

其次,加强招生"三元"组织机构建设是提升招生力的基础(如图15-1所示)。合理的招生组织机构是实施"综合评价"制度的关键,也是提升招生力的重要基础保障。理想的大学招生组织机构必须由招生委员会、招生办公室组成,同时授权从事大学数据管理和研究的部门(在美国,这些部门通常是院校研究办公室)从事招生数据的分析和研究工作。招生委员会隶属于学校的学术委员会,人员全部由不担任任何行政职务的教师(担任学术管理职务的学院院长和系主任除外)组成,其职责是制定招生政策,并监督和评价招生政策的实施情况。招生办公室隶属于学生事务或者教务管理部门,具体负责招生的

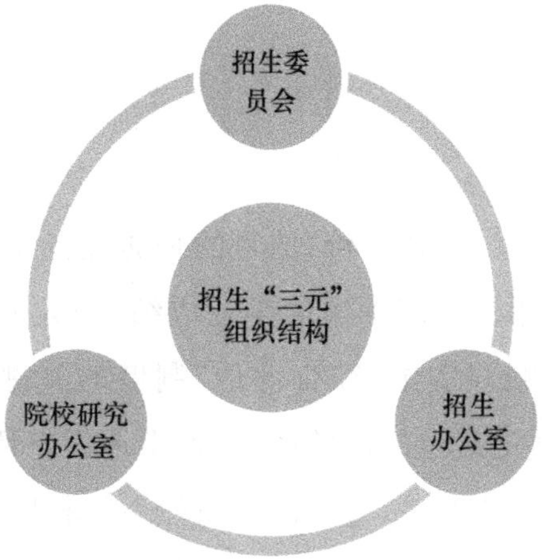

图15-1 大学本科招生"三元"组织结构图

实施工作。大学数据管理和院校研究部门负责招生数据分析和结果的评价，为招生委员会和招生办公室提供实证性研究服务。显然，这种组织结构从学校教育模式、招生实施工作以及招生研究三个方面为提升招生力提供了保障。

最后，构建和培养专业化和职业化的招生队伍是提升招生力的关键。中国大学相对而言缺乏专业化和职业化的行政管理队伍是造成大学缺乏管理绩效最根本的原因之一。教学和行政管理"双肩挑""轮岗"等人员任用机制是源头。它不仅直接阻碍了行政管理人员专业化和职业化建设，同时也直接导致了技能资源的浪费。招生部门恐怕在所有行政部门中是最大的受害者之一。为了解决招生队伍专业化和职业化的问题，大学首先要增加人力和财力资源。"综合评价"制度是非常"昂贵"的制度，需要大量的人力和财力的支持。从人力资源来说，美国规模在 1 万名学生的大学，其招生官员人数与申请人数的比率大约是 1∶1 541[①]。就是说在一所收到 6 万份申请的大学需要配置大约 40 名招生官员。例如，申请加州大学洛杉矶、伯克利等分校的学生都超过 6 万名，所以这些学校招生办的工作人员都在 50 名左右。从财力资源来说，在 2012 年，美国大学招收每位入学学生的花费是 2 432 美元。也就是说，一所新生入学人数是 5 000 的大学每年所花费的招生费用约为 1 200 万美元。这些费用只包括招生办公室官员的工资、福利、差旅费、资料费用以及支付给一些服务商的费用。如果加上招生委员会、数据分析以及数据系统开发人员的相关开支，费用会更高。另外，大学应采取措施提升招生人员的技能，包括招生经验、高等教育管理能力、政策研究能力、数据分析能力等。这些经验和能力必须经过长期的实践积累，所以美国的大学招生官员，特别是主任级别的官员都有很长的招生工作经验，绝大多数人员都是终身从事招生工作，有 30 多年的工作经验。美国的一项招生办公室主任的调查结果显示[②]，招生工作经历、统计与数据分析能力、市场与公关能力是最重要的三项技能（如图 15-2 所

① CLINEDINST M, HURLEY S, HAWKINS D. State of College Admission. National Association for College Admission Counseling, 2014.

② FHAIR J. Career Paths for Admission Officers: A Survey Report. National Association for College Admissions Counseling, 2014.

示)。因此,中国大学要提升招生官员的专业能力和职业归属感就必须改革“轮岗”的人事任用机制,明确他们的职业发展方向,为他们提供一个具有长远发展的平台,能够帮助他们积累“综合评价”招生经验的工作机会。否则,招生队伍永远是“门外汉”,招生力也只是空中楼阁。

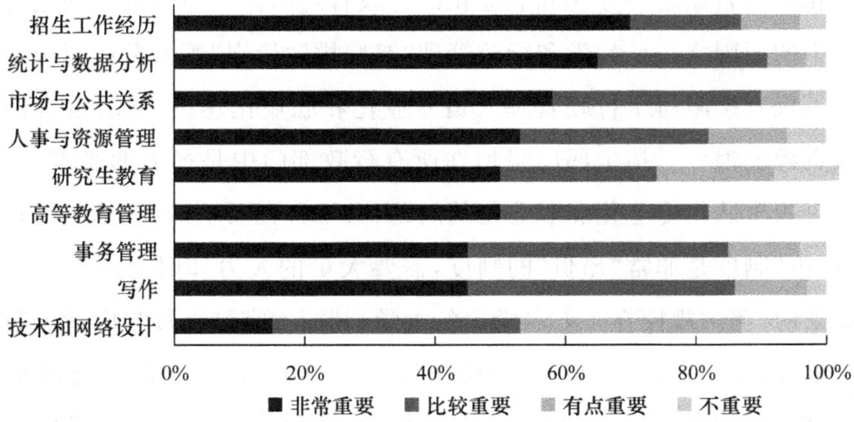

图 15-2　美国招生人员技能调查结果

附录　本科招生专业术语中英文对照表

1. 通用申请系统(Common App/The Common Application)

2. 就餐计划(meal plan):美国很多大学要求学生在大一、大二期间居住在大学住宅楼,并要求购买学校的就餐计划,在学校食堂就餐。

3. 百分比计划(percent plan):美国根据申请学生在就读高中排名确定录取合格性的一种方法。在加州大学被称为"Eligibility in Local Context"。

4. 班级排名(class rank)

5. 保留率(retention/persistence rate)

6. 本科生(undergraduate/undergraduate student)

7. 本科招生办公室(Office of Undergraduate Admissions):美国大学的本科生招生通常由大学统一管理,但研究生招生通常由各学院和专业负责实施,所以大学的招生办公室通常是指负责本科生招生工作的机构。

8. 本科招生工作(recruitment of undergraduate students):一所大学招收本科学生的一系列工作,包括招生政策的宣传、咨询、相关申请辅导、提供的吸引学生申请和就读该大学的相关优惠条件等。

9. 必须缴纳的费用(mandatory fees)

10. 标准化考试(standardized test):美国大学入学标准化考试主要是SAT 和 ACT。

11. 成绩单(transcript)

12. 大学课程(college course):美国许多大学的课程也对中学生开放,所有在申请大学时,很多中学生也提交大学修习的课程,而且在计算权重的高中成绩绩点时会获得加分。

13. 大学申请提前行动计划(early action plan of college application):申请人可以通过这种方式申请多所大学。如果申请人被接受,申请人可以立刻答应去该大学,或者等一段时间再做决定。申请人也可以拒绝就读该大学。

14. 大学申请提前决定计划(early decision plan of college application):申请人只能通过这种方式申请一所大学。如果该大学决定录取,并提供足够的经济资助,申请人须承诺就读这所大学。申请人也可以通过普通方式申请其他大学。但如果申请人被"提前决定计划"的大学录取,申请人必须撤销所有其他大学的申请。

15. 大学招生顾问(college admissions counselor):美国高中通常都设置大学申请辅导顾问,为申请学生提供咨询。

16. 贷款(loan):一种需要偿还的学生贷款。

17. 第一代大学生(first-generation college student):父母任何一方都没有获得大学学士学位。

18. 多元化(diversity):多元化是美国大学的重要办学理念之一,包括学生背景、才能等方面。

19. 非居民(nonresident):本州以外的申请学生,包括国际学生。

20. 非全职学生(part-time student)

21. 附加材料(supplemental materials):有的大学会要求学生补充申请材料,称为附加材料。

22. 高中(high school):包括公立高中(public high school)和私立高中(private high school)。

23. 高中毕业生(high school graduate)

24. 高中成绩绩点(high school GPA/Grade Point Average)

25. 权重高中成绩绩点(weighted Grade Point Average):有很多大学在计算高中平均绩点时,给获得 A 的先修课程计 5 分,给获得 B 的先修课程计 4 分,等等。

26. 个人陈述(personal statement):不同大学对个人陈述的要求不尽相

同。有的大学是命题作文，英语是“essay”；有的大学要求学生就相关问题阐述自己的深刻见解，如加州大学从 2016 年开始要求学生完成的“personal insight questions”。

27. 个人成就(personal achievements)

28. 公平(equity)

29. 固定权重(fixed weights)

30. 滚动式招生(rolling admissions)：大学在新生入学人数满员之前一直会考虑录取达到录取标准的申请学生的一种方式。

31. 国际学生(internatinal student)

32. 国际学士学位课程(International Baccalaureate course)

33. 合格(eligibility)

34. 核心课程(core curriculum)

35. 候选名单(waitlist/waiting list)：由于种种原因，申请学生可能被排在候选名单，等待进一步审核后做出录取决定。

36. 健康保险(health insurance)

37. 经济需求资助(need-based financial aid)

38. 居民(resident)：美国公立大学在招生和确定学费时，会重点考虑本州学生。每个州以及本州内的公立大学确定“居民”的方式可能不尽相同。

39. 考试要求(examination requirement)

40. 课程要求(subject requirement)

41. 课外活动(extracurriculum)

42. 录取(admission)

43. 录取标准(admissions criteria)：用于评价申请学生学业、个人成就以及综合素质的标准。

44. 录取学生(admit)

45. 录取要求(admission requirements)：需要学生达到录取的最低要求。

46. 剽窃(plagiarism)

47. 评价指标(evaluation indicator)

48. 评审表(read sheet):评审人员评价学生申请资料的汇总表,很多大学都已经制作成计算机平台,评审人员可以直接从数据系统调出评审资料。

49. 勤工俭学(student employment/work study)

50. 荣修课程(honors course):包括先修课程、国际学位课程等,有的大学自己也会通过审核高中课程,根据课程内容的难易程度,决定某一门课程是否可以视作"荣修课程",如果可以,在高中成绩绩点时会得到加分。

51. 入学(enrollment)

52. 入学管理(enrollment management)

53. 入学学生(enrollee/enrolled students)

54. 弱势群体(underrepresented population/underrepresented students)

55. 少数族裔(underrepresented minorities):各州的确定方法可能有所不同,在加州,包括非洲裔、美国印第安裔和拉美裔。

56. 社会地位变迁(social mobility)

57. 社会经济地位(socioeconomic status):通常简称为 SES。

58. 社交媒体(social media):社交媒体如 Facebook, Twitter 在大学招收工作中发挥越来越大的作用。

59. 社区学院(community college)

60. 社区服务(community services)

61. 申请(application)

62. 申请表(application form)

63. 申请费(application fee)

64. 申请学生(applicant)

65. 食宿费用(room & board)

66. 双重入学(dual enrollment):美国允许学生同时在两个学校入学,通常是指高中生在就读高中期间,同时修习大学的课程。

67. 特殊才能(special talents)

68. 特殊招生(admission by exception)

69. 通识教育(general education)

70. 托福考试(Test of English as a Foreign Language):简称 TOEFL。

71. 网络申请系统(online application system)

72. 先修课程(Advanced Placement course)

73. 新生(freshman)

74. 学费(tuition)

75. 学业成就(academic achievements)

76. 学业指标体系(academic index):与"academic indicators"的区别是"index"由多项测量指标通过统计模型计算结果构建的一项指标。

77. 雅思考试(International English Language Testing System):简称 IELTS。

78. 研究型大学(research university)

79. 英语语言能力(English language proficiency)

80. 招办主任(admissions director)

81. 招生资源和服务(admissions resources and services):为学生申请大学提供的相关资源和服务,如通过文章提供的申请信息、申请顾问的指导等。

82. 招生过程(admissions process)

83. 招生拒绝通知(admissions rejection/denial letter)

84. 招生录取通知(admissions offer/acceptance letter)

85. 招生实践(admission practices)

86. 招生委员会(Board of Admissions)

87. 招生原则(admission principles)

88. 招生政策(admission policies)

89. 招生政策审核(review of admissions policies)

90. 志愿者(volunteer)

91. 中学概览(high school profile)

92. 住宅校园(residential campus):要求所有学生居住在学校住宅楼的大学校园。

93. 专业(major)

94. 转学/转学学生(transfer)

95. 卓越(excellence):又称学术卓越(academic excellence)。

96. 卓越功绩资助(merit-based financial aid)

97. 资助(financial aid)

98. 综合评价(comprehensive review/holistic review)

99. 综合评价成绩(holistic review score)

致　谢

这本小册子收集了我自2009年起在加州大学从事本科招生研究工作中撰写的一部分文章，也有与朋友合著的、接受采访的几篇文章。这些文章大都发表在国内的教育研究杂志或报纸上，如《高等教育研究》《清华大学教育研究》《复旦教育论坛》《中国教育报》等，以及专业性较强的招生考试研究杂志，如天津市教育考试院主办的《考试研究》和上海市教育考试院主办的《招生考试研究》。在这些文章的写作过程中我得到了家人和众多朋友，以及杂志主编、编辑的大力支持和鼓励。没有他们给予我的动力，我几乎不可能完成这些文章。

我的第一篇关于招生的论文是发表在2007年的《清华大学教育研究》第六期。这篇文章的发表激发了我的写作热情。我也因此阅读了《清华大学教育研究》刊发的许多关于招生的文章，后来又陆续在这份杂志上发表了几篇文章，这当然在很大程度上也要归功于杂志副主编叶赋桂和编辑赵琳两位老师的鼓励。感谢他们审核我的文章，并提出宝贵的修改意见，更重要的是让我的拙作通过他们的杂志与读者见面。

天津市教育考试院是邀请我去国内交流的第一个组织。那是在2007年，是我离开祖国整整十年后第一次回国交流、探亲。我也有幸访问了天津市教育考试院，并与考试院的同行以及南开大学、天津师范大学的部分教师进行了交流。记得在我介绍完加州大学的招生情况后，进行到提问阶段时，大家在起初的几分钟内都保持沉默，令我非常紧张，担心没有讲解清楚。几分钟后，李占仑老师首先开口说："你讲的这些内容与我们从国内看到的内容不一样。"这下我才明白，是他们对我阐述的内容持怀疑态度，抑或是不相信他们从文章中看到的内容。我想这个僵局很好解决，我就告诉他们，我讲的内容都是我的亲身经历，是加州大学的实践经验，没有任何“造假”。这件事情让我坚定了向国内介绍美国大学招生研究和实践工作的信心。非常感谢天津市教育考试院前院长乔丽娟老师以及李占仑老师和张耀萍博士对我的邀请，以及后来多次在《考试研究》杂志上刊发我的文章。

多年前我有幸结识北京师范大学的周作宇副校长。他曾在 2008 年到斯坦福大学访学半年，我们因此有机会做深度的交谈，内容涉及大学管理、高等教育办学理念、大学招生等。这也是我第一次近距离与国内知名学者进行持续性的交流。我们之间的交流使我了解了中国高等教育在我离开十年间的变化和发展。后来作宇教授在《中国教育报》独家访谈专栏发表了对我的关于针对招生话题的访谈。我之后接受作宇教授和杜瑞军博士的邀请，于 2009 年到北京师范大学进行了为期一周的交流。这次交流访问加深了我对中国高等教育发展现状的认知。近年来每每赴京，总是要在京师大厦逗留几天，与作宇教授和瑞军博士交流，并借此观察和体味北京师范大学“学为人师，行为师范”的教育理念和践行方式。我对作宇教授以及北京师范大学高等教育研究所的周海涛教授、瑞军博士一直以来对我的支持和关心感激不尽！

我与复旦大学高等教育研究所熊庆年教授是通过在《复旦教育论坛》上发表有关加州大学本科招生的文章认识的。后来熊老师来伯克利访问，我们一见如故。最近几年也多次接受熊老师的邀请到复旦大学访问和交流，向熊老师学到了很多关于国内招生和院校研究的实践经验。熊老师对中国高等教育的观点、思想和经验对我的研究启发颇深。感谢熊老师！

南京大学高等教育研究所原所长龚放教授是我最近几年交流最多的国内著名学者之一。实际上我们在过去几年里，在学生就读经验研究方面有很多的合作。南京大学是参加研究型大学就读经验调查研究国际联盟的第一所美国之外的大学。龚老师高瞻远瞩，功不可没！这个联盟是由伯克利高等教育研究中心约翰·道格拉斯博士和我共同倡导建立的。南京大学的参加可以说是为联盟的发展奠定了基础。目前中国已有四所大学加入该联盟。当然，更需要提及的是，在与龚老师的交流和合作中，我学到了很多国内高等教育发展方面的知识，也非常荣幸在龚老师的安排之下多次赴南京大学交流学习。龚老师在百忙之中带我参观美丽的南京大学校园，并给我讲述南京大学前身金陵大学的辉煌历史。金陵大学当时的“诚、真、勤、仁”的校训给我留下很深的印象。虽然我们的交流多聚焦于本科教育，但对我在招生方面的研究大有裨益。龚老师也曾认真阅读过我写的文章初稿，提出了非常宝贵的意见和建议。对龚老师，我的感激不尽言表！认识龚老师实乃我一生之幸！

这本书能够在北京大学出版社出版，首先要感谢北京大学考试研究院理事会副理事长初育国先生和院长秦春华博士。感谢他们聘请我担任理事会理事，也非常感谢他们为我提供研究北京大学招生数据的机会。这项工作使我了解了很多北京大学的招生政策。当然，我和春华博士的多次交流，也使我深感国内需要加强招生方面的实证性研究，也迫切需要提升招生力。我曾在春华博士的安排和邀请之下多次赴北京大学参加研讨会，并有幸与天津市教育考试院原院长乔丽娟女士，时任复旦大学招生办公室主任丁光宏博士、北京师范大学招生办公室主任虞立红女士、北京大学招生办公室主任王亚章先生等相聚，还和许多其他高校的招生办公室主任有机会交流。所有这些交流都为我学习国内招生政策和实践经验提供了难得的机会。我在此深表谢意！

北京教育考试院的李佳女士是我长期的研究合作伙伴。李佳及时提供的国内招生改革信息对我的研究很有助益。厦门大学的博士研究生万圆女士来美国访问时对我进行了访谈，并将访谈内容整理后刊发在《同济教育》和《招生考试研究》杂志上。谢谢李佳和万圆的支持！

此外，我也非常感谢加州大学给我提供这个很好的工作机会。如果没有加州大学的这项工作，我便没有机会这样深层次地了解和体会世界一流大学招生制度所蕴含的价值，更不可能有我自序中提到的感想。

感谢北京大学出版社的信任和支持，使我有机会去梳理这十多年来我对招生研究的论文成果。特别感谢北京大学出版社的颜克俭编辑，他为此书的出版付出了很多的心血。

我的两位父亲和两位母亲的慈爱和质朴品性是我成长的滋养。我对他们的感激是无法用言语表达的。在写这些文章时他们都还健在，但在我撰写这个致谢词时，两位父亲已经离世，只能祝福他们在另一个世界过得安好，并请原谅我漂泊在外的不孝！两位母亲年事已高，祝愿她们身体健康，开心快乐！

最后要感谢我的妻子儿子。他们是我工作和生活的精神支柱！更重要的是他们早已成为我研究的助力。每当遇到问题时我可以和妻子讨论，听取她的观点建议，所以我的工作成果里渗透着她的爱和辛勤付出。我也从儿子那里了解到很多关于美国中小学教育的情况，他也是我观察和研究的对象。特别是他就读大学后，常常和我讨论教育的问题，我从中获得了很多写作素材。感谢你们多年的支持！

常桐善

2019 年春于美国加州